Einfach dranbleiben

Einfach dranbleiben

Erfolgsgewohnheiten für Kreative

- Mit dem praktischen 35-Tage-Plan -

Heide Liebmann

1. Auflage

2020

Inhaltsverzeichnis

Einleitung

In meiner Kindheit hörte man noch öfter den Spruch „Was Hänschen nicht lernt, lernt Hans nimmermehr“. Zum Glück wissen wir heute, dass das nicht stimmt: Unser Gehirn ist nach dem Prinzip der Neuroplastizität organisiert, und das bedeutet, kurz gesagt, dass wir jederzeit, auch noch im hohen Alter, dazulernen können.

Das heißt auch, dass du dich selbst dann noch verändern kannst, wenn du bestimmten Gewohnheiten gefühlt schon dein ganzes Leben lang folgst und dir kaum vorstellen kannst, wie es wäre, tatsächlich anders zu leben.

Unser Gehirn ist ein äußerst effizient arbeitendes Organ, das es sich im Grunde bequem macht: Sobald es ein Verhalten gelernt und eingeübt hat, schaltet es quasi auf Autopilot. Das heißt, das Verhalten läuft von nun an ganz automatisch ab. Das ist Energie sparend, und das Gehirn kann seine Kapazität anderweitig einsetzen.

Jede Verhaltensänderung benötigt daher einen gewissen Energieaufwand. Im Prinzip muss dein Gehirn dabei jedes Mal neue
synaptische Verbindungen schaffen. Durch Wiederholungen eines neuen Verhaltens werden diese neuen Verbindungen mit der Zeit stabiler, bis sie sozusagen die alten Verknüpfungen überschrieben haben. Auf diese Weise entstehen neue Routinen.

Dein Gehirn mag diesen zusätzlichen Energieaufwand nicht so gerne und wird - nach einer anfänglichen Motivationsphase - erst einmal versuchen, wieder zum gewohnten Zustand zurückzukehren.

Wenn du also neue Gewohnheiten in dein Leben bringen möchtest, die sich langfristig positiv auf deinen Erfolg auswirken, dann besteht deine Aufgabe vor allem darin, dein Gehirn dabei zu unterstützen.

Konkret bedeutet das, jede neue Gewohnheit, die du dir aneignen möchtest, über einen gewissen Zeitraum regelmäßig und bewusst zu trainieren, denn nur so „versteht“ dein Gehirn, dass ein neuer Automatismus etabliert wird.

Mit diesem Buch möchte ich dir zum einen ein neues Verständnis des Themas Gewohnheiten geben, weil meiner Erfahrung nach insbesondere Kreative ein etwas zwiespältiges Verhältnis dazu haben.

Zum anderen wird das Buch dich dabei unterstützen, neue Erfolgsgewohnheiten dauerhaft zu etablieren, weil du einem Plan folgen kannst, den du dir im Lauf der Arbeit mit diesem Buch selbst erstellst.

Innerhalb von 35 Tagen wirst du mindestens eine neue Erfolgsgewohnheit so in deinem Gehirn verankern, dass sie zukünftig aus deinem Leben nicht mehr wegzudenken ist. Du wirst dieser neuen Gewohnheit nach dieser Zeit ganz automatisch folgen, weil dein Gehirn dann eine neue „Autobahn“ angelegt hat.

Im ersten Teil des Buches schaffe ich einige Grundlagen zum Verständnis dieses Prozesses. Ich verrate dir einige sehr hilfreiche Tricks, wie du dein Gehirn dabei unterstützt, deine neue Erfolgsgewohnheit zu etablieren. Deshalb empfehle ich dir, diesen Teil aufmerksam zu lesen.

Im zweiten Teil wird es dann konkret. In der 35-Tage-Challenge folgst du einem Plan, der dir dabei helfen wird, wirklich dranzubleiben – in ganz kleinen, machbaren Einheiten.

Meine Gewohnheiten und ich

Vielleicht fragst du dich, völlig zu Recht, wieso ich dir etwas über Erfolgsgewohnheiten erzählen kann.

Tatsächlich habe ich schon vor vielen Jahren damit angefangen, mich mit diesem Thema zu beschäftigen, weil ich unzufrieden war. Ich hatte versucht, mir neue Verhaltensweisen anzutrainieren, wie zum Beispiel regelmäßiges Meditieren und vor allem: mehr Sport! Doch ich erlebte den typischen Effekt, den du vielleicht auch von den klassischen Neujahrsvorsätzen kennst: Hoch motiviert gestartet, aber irgendwann wieder rausgepurzelt.

Dann habe ich mich selbst gegeißelt, weil ich halt offenbar wirklich zu wenig Willensstärke und Durchhaltevermögen hatte – und im Endeffekt habe ich es wieder gelassen. Frustrierend war das.

Ich fragte mich also irgendwann, ob das nicht auch anders gehen könnte und begann, mich damit zu beschäftigen, wie unser Gehirn funktioniert. Denn obwohl ich als klassische „kreative Chaotin" eine richtige Allergie gegen Strukturen und Systematik hatte, ahnte ich doch irgendwie, dass es ganz ohne einen gewissen Plan schwierig sein würde, meine Träume zu verwirklichen.

Die Erkenntnisse, die ich im Laufe der Jahre gewonnen habe, teile ich hier mit dir. Ich habe sie alle selbst getestet und weiß, dass es dir damit gelingen kann, dein Leben wirklich zu transformieren. Denn sogar mir ist es so gelungen, tägliche Bewegung ganz natürlich in mein Leben zu bringen – und ich war wirklich unsportlich! Glaub mir: Alles ist möglich.

Inzwischen habe ich einige Gewohnheiten in mein Leben integriert, die dazu beitragen, dass es mehr und mehr die Qualität bekommt, die ich mir wünsche, zum Beispiel:

- Ich stehe jeden Morgen früh auf und folge bestimmten Routinen.
- Dazu gehören u.a. Bewegung und Meditation, Journaling und Schreiben an eigenen Projekten wie diesem Buch.
- Ich richte mich täglich darauf aus, was ich langfristig erreichen möchte.
- Ich führe eine Tages- und Wochen-To-Do-Liste, die ich konsequent abarbeite.
- Jeden Abend mache ich mir bewusst, wofür ich dankbar bin und schreibe das auf.

Ich habe festgestellt, dass mir solche Routinen einen Rahmen geben, innerhalb dessen mein kreativer Geist sich viel besser austoben kann als ganz ohne Vorgaben. Vielleicht hast du auch schon mal bemerkt, dass die Kreativität leichter fließt, wenn du von außen eine Aufgabe erhalten hast? Ich glaube, das ist ein ähnlicher Effekt. Unser Geist mag ein klares Setting.

Welchen Erfolgsroutinen folgst du bisher, und welche möchtest du nachhaltig in dein Leben integrieren? Wenn du magst, notiere dir doch jetzt schon einmal, welches Verhalten du neu lernen oder verändern möchtest.

Sollten dir auf Anhieb keine Gewohnheiten einfallen, die dir helfen könnten, dein Leben so erfolgreich zu gestalten, wie es für dich passt, dann schau dich mal in deinem Umfeld um: Was machen Kolleginnen oder Mitbewerber anders als du? Wofür hast du sie vielleicht schon mal bewundert oder auch heimlich beneidet?

Das wird dir einige Anhaltspunkte dafür geben, was du in deinem Leben verändern möchtest.

Bevor wir wirklich damit starten, lies dir bitte noch die folgenden Kapitel durch, um ein besseres Verständnis dafür zu entwickeln, wie unser Gehirn funktioniert. Denn das wird dir später helfen, deine neuen Gewohnheiten wirklich nachhaltig zu verankern.

Warum Gewohnheiten wichtig für uns sind

Für kreative Menschen klingt häufig schon das Wort „Gewohnheit“ oder „Routine“ nach öden Wiederholungen und starren
Rahmen und Strukturen.

Doch selbst, wenn es dir genauso geht: Schaust du mal genau hin, wirst du feststellen, dass auch du jeden Tag ganz bestimmten Routinen folgst:

- Du putzt dir ganz selbstverständlich und ohne darüber nachzudenken jeden Morgen und Abend die Zähne.
- Du kochst dir deinen Kaffee oder Tee oder bereitest dir dein Frühstück auf immer dieselbe Art und Weise zu.
- Du folgst einem täglichen Weg zur Arbeit.
- Du schaust jeden Abend um 20:15 Uhr die Nachrichten.
- ...

Auch wenn nicht alle Punkte auf dich persönlich zutreffen: Geh doch mal durch deinen Tag und beobachte, welche Handlungen du täglich durchführst, die so selbstverständlich für dich sind, dass du gar nicht mehr darüber nachdenkst.

Denn das ist tatsächlich das Geheimnis von wirksamen Routinen: Dein Gehirn schaltet nach genügend Wiederholungen einfach auf Autopilot. Und das bedeutet: Während du den Kaffee kochst, Auto fährst, deine Zähne putzt etc., kannst du dich innerlich mit ganz anderen Dingen beschäftigen. Dein Geist muss sich nicht mehr auf diese Tätigkeiten konzentrieren, sie passieren ganz automatisch.

Das hat die Evolution gut eingerichtet. Stell dir nur mal vor, wir müssten wirklich über jede unserer Handlungen erst einmal nachdenken - wie viel Kapazität dadurch gebunden wäre! Wahrscheinlich wäre unser Gehirn dann so groß, dass wir mit dem Kopf gar nicht mehr durch die Tür passen würden.

Selbst du als kreatives Wesen folgst also bereits ganz automatisch Routinen - wie alle anderen Menschen auch, und zwar zu rund 90 Prozent deines Tages. Ja, richtig gelesen. Die Gehirnforschung kann das zweifelsfrei belegen.

Das Geheimnis echten Erfolgs

Wenn du dir anschaust, was erfolgreiche Menschen von den weniger erfolgreichen unterscheidet, dann kommst du früher oder später dahinter, dass das etwas damit zu tun hat, wie sie ihr Leben gestalten.

Das Zauberwort hier lautet „gestalten": Erfolgreiche Menschen nehmen ihr Leben voller Freude und Selbstverantwortung in die Hand. Sie gehen neue Wege, probieren und testen, wagen zuweilen Ungewöhnliches und trauen sich, damit zu scheitern.

Und ausnahmslos alle folgen dabei bestimmten Routinen. Manche tun das sehr bewusst, andere vielleicht eher instinktiv. Doch ohne bestimmte Gewohnheiten kann das auf Dauer nicht klappen mit dem Erfolg, unabhängig davon, wie du diesen für dich definierst.

Erfolg kann sich in deinem Kontostand ausdrücken. Oder darin, wie viele Menschen dir in den sozialen Netzwerken folgen. Erfolg kann die stille Genugtuung sein, wenn dir ein kreatives Projekt besonders gut gelungen ist. Vielleicht machst du Erfolg daran fest, dass bestimmte Menschen dir ihre Anerkennung aussprechen.

Aber egal, was davon auf dich zutrifft: Jeden deiner Erfolge kannst du letztlich darauf zurückführen, dass du bestimmten Routinen gefolgt bist. Anders gesagt: Erfolg ist gekoppelt an Gewohnheiten - er funktioniert nicht ohne ein gewisses Maß an wiederkehrenden Routinen.

Wieso ist das so?

- Denk zum Beispiel an eine Sportlerin: Wie oft hat sie wohl bestimmte Bewegungsabläufe geübt? Ist jeden Tag auf die Trainingsmatte oder auf die Piste gegangen, um ihre Leistung zu steigern? Hat Übungen absolviert, um auch mentale Stärke zu gewinnen?
- Oder der Erfolgsautor: Wie viele Tage saß er wohl an seinem Schreibtisch und hat geschrieben? Hat andere Bücher gelesen, um sein Stilempfinden zu schärfen? Hat immer wieder einen neuen Anlauf genommen und sich von Absagen nicht entmutigen lassen?
- Was ist mit der erfolgreichen Unternehmerin, die jeden Tag damit beginnt, sich auf die vor ihr liegenden Aufgaben zu fokussieren? Die regelmäßig mit ihren Kundinnen und Kunden spricht und kontinuierlich Akquise betreibt?

Wenn du dir diese Beispiele anschaust, wird wahrscheinlich schon etwas klarer, wieso Gewohnheiten so viel mit Erfolg zu tun haben.

Umgekehrt wird übrigens auch ein Schuh daraus: Denn Gewohnheiten können uns auch an unserem Erfolg hindern. Das ewige Aufschieben zum Beispiel ist eine dieser Gewohnheiten, die zuverlässig dafür sorgt, dass wir mit unseren Plänen nicht weiterkommen.

Jeden Abend auf der Couch zu sitzen und sich Serien reinzuziehen, statt Sport zu machen oder vielleicht ein Fachbuch zu lesen, ist auch eine eher hinderliche Gewohnheit.

Wenn du also nachhaltigen Erfolg in dein Leben bringen möchtest, dann kommt es vor allem darauf an, solche eher hinderlichen Gewohnheiten durch Erfolgsgewohnheiten zu ersetzen – und genau darum geht es in diesem Buch.

Kreativität und Routinen – ein Widerspruch?

Viele meiner Kunden zählen wie ich selbst auch zu den kreativen Chaoten oder „Scannern“, wie Barbara Sher uns genannt hat: Wir sind schnell zu begeistern und können auch andere damit anstecken, Struktur und Systematik sind uns allerdings meist irgendwie suspekt. Gleichzeitig beneiden wir zuweilen die „Kästchendenker“, denen das scheinbar so leichtfällt, und wünschen uns manchmal etwas mehr Ordnung in unserem Leben.

Kennst du folgende Symptome?

- To-Do-Listen arten bei dir regelmäßig in seitenlanges Brainstorming aus.
- Klare Prioritäten zu setzen, fällt dir schwer, weil du alles immer gleich wichtig findest und Prioritäten sich zuweilen auch ganz schnell verändern können.
- Du hast ständig neue Ideen, die ja auch bearbeitet werden wollen - wie soll man da bitteschön den Überblick behalten?
- Menschen sind dir insgesamt einfach wichtiger als Strategien und Ergebnisse - Ablenkung somit vorprogrammiert.
- Und ganz schlimm: Prioritäten setzen fühlt sich so schrecklich unflexibel an. Da fühlst du dich einfach gestresst und eingeengt.

Wenn du hier gleich mehrmals innerlich genickt hast, gehörst du wahrscheinlich auch zu diesem Personenkreis. Deshalb möchte ich dir das Thema Struktur und Systematik erst einmal ein wenig schmackhafter machen.

Menschen, die in einem kreativen Beruf tätig sind, kennen wahrscheinlich das Phänomen, dass Kreativität sich eher selten in einem plötzlichen Geistesblitz ausdrückt. Vielmehr ist es so, dass Kreativität ein ständiger Prozess ist. Wenn du mit einer bestimmten Herausforderung zugange bist, wirst du immer wieder daran denken, egal womit du aktuell beschäftigt bist. So kommt es dann, dass das Heureka manchmal beim Kartoffelschälen oder unter der Dusche ertönt: Ganz plötzlich ist sie da, die Inspiration, nach der du so verzweifelt gerungen hast!

Schau dir diesen Prozess mal etwas genauer an. Wahrscheinlich wirst du feststellen, dass du mehr oder weniger intuitiv diesen fünf Schritten folgst:

1. Klärung: Was genau ist das Problem oder die Herausforderung, für das oder die ich eine Lösung suche?
2. Ideenfindung: Sammeln von Ideen und Impulsen aus allen möglichen Bereichen
3. Inkubationszeit: Die verschiedenen Ansätze „simmern" quasi vor sich hin, während man mit ganz anderen Dingen beschäftigt ist. Das ist die Phase, in der das Unterbewusste am Werk ist.
4. Lösung: Plötzlich klärt sich alles, oft kommt einem ein Gedankenblitz.
5. Überprüfung und Umsetzung: Die Lösung wird auf ihre Machbarkeit hin gecheckt und dann tatsächlich umgesetzt.

Der letzte Schritt ist sehr entscheidend, darauf komme ich später noch zu sprechen. Denn was hilft dir alle scheinbare Kreativität, wenn du nie wirklich handelst? Kreativität vollendet sich erst dann, wenn wirklich etwas Neues entsteht - in der realen Welt, nicht nur in deinem Kopf.

Ob es dir also bewusst ist oder nicht: Du folgst im kreativen Prozess bereits einer gewissen Systematik. Wenn so eine Systematik sich immer wiederholt, sprechen wir auch von Gewohnheiten oder Routinen.

Die Frage, ob Kreativität und Routinen ein Widerspruch sind, hat sich damit bereits geklärt, oder?

Du kannst also ab sofort ganz entspannt an das Thema Gewohnheiten herangehen - gerade, weil du ein kreativer Mensch bist.

Zwei Missverständnisse zum Thema Gewohnheiten

Wer sich mit Routinen und Gewohnheiten beschäftigt, begegnet über kurz oder lang zwei Aussagen:

1. Prokrastinieren, die neudeutsche Version von Aufschieben, ist eine schlechte Angewohnheit und muss beseitigt werden.
2. Ohne Disziplin wird das nix mit den Erfolgsgewohnheiten.

In beiden Aussagen steckt ein gewisser Wahrheitskern. Aber so ausschließlich, wie sie hier stehen, sind sie kontraproduktiv und auch entmutigend. In diesem Kapitel schauen wir uns einmal genauer an, warum ich hier von Missverständnissen rede.

Ein neuer Blick auf die „Aufschieberitis"

Nicht umsonst sprechen wir von guten und schlechten Gewohnheiten. Denn instinktiv wissen wir meist ganz genau, welche Gewohnheiten uns eher schaden und welche für uns nützlich sind.

Es gibt allerdings eine Ausnahme von dieser Regel, und die trifft ganz besonders auf kreative Menschen zu. Und diese Ausnahme hat mit Bewertungen zu tun.

Was fällt dir zum Thema „Aufschieben“ oder neudeutsch „Prokrastinieren“ ein?

Die meisten Kreativen, die ich kenne, würden sofort behaupten, dass sie darin Expertinnen oder Experten seien - begleitet von einem Seufzen.

Denn die „Aufschieberitis“ hat einen ziemlich schlechten Ruf, und es gibt unzählige Ratgeber, die dir beibringen wollen, wie du sie loswirst. Noch vor nicht allzu langer Zeit habe ich selbst auch noch Artikel darüber geschrieben und mich für das ewige Aufschieben verurteilt.

Inzwischen habe ich verstanden, dass Prokrastinieren auf einer Ebene tatsächlich eine Gewohnheit ist, die gerade für mich als Kreative äußerst nützlich ist. Wie das?

Im letzten Kapitel habe ich dir den kreativen Prozess erläutert. Für die 2. und 3. Phase ist das Prokrastinieren im Grunde wesentlich: Dein Gehirn, dein innerer Genius, braucht einfach Zeit – und Impulse von außen, um auf neue Ideen zu kommen.

Während du also auf Facebook herumdaddelst, einen Roman liest, statt am Computer über deinem Problem zu brüten, spazieren oder tanzen gehst, arbeitet es in dir weiter. Es arbeitet sogar noch weitaus befreiter in dir, wenn du das ohne schlechtes Gewissen tust, weil du es als Teil deiner kreativen Problemlösungsstrategie begreifst.

Das ist der positive Aspekt der Aufschieberitis, und du profitierst ganz sicher davon, wenn du deine bisher möglicherweise negative Bewertung veränderst.

Prokrastinieren gehört in gewisser Weise zu deinem kreativen Werkzeugkasten, und diese Gewohnheit hilft dir dabei, interessante neue gedankliche Verbindungen zu schaffen. So setzt du einen Prozess in Gang, der letztlich Innovation ermöglicht.

Indem du also deine Bewertung des Aufschiebens veränderst, kannst du diesen Prozess noch mehr genießen - und das wird dir tatsächlich helfen, schneller zu Lösungen zu kommen.

Denn ein schlechtes Gewissen ist Ballast, weil ein Teil unserer Gedanken dann ständig damit beschäftigt ist, Ausreden zu finden und uns selbst zu beschwichtigen. Das bindet Energie.

Sobald du deine negative Bewertung losgelassen hast, steht dir diese Energie für den eigentlichen kreativen Prozess zur Verfügung. Eigentlich logisch, dass sich das positiv auf Qualität und Geschwindigkeit auswirken wird, oder?

Aber du ahnst es wahrscheinlich schon: Es gibt auch einen weniger hilfreichen Aspekt der Angelegenheit, nämlich das Prokrastinieren bei der Umsetzung.

Diese Gewohnheit beobachte ich bei vielen Kreativen immer wieder. Und das ist der Moment, wo das Aufschieben sich tatsächlich negativ auswirkt - oder anders gesagt: Hier scheiden sich die erfolgreichen von den weniger erfolgreichen Menschen.

Wie du auch diese Hürde meistern kannst, um deiner Kreativität den Raum zu geben, die sie braucht, erfährst du in den folgenden Kapiteln.

Zunächst widmen wir uns aber noch dem zweiten oben angesprochenen Missverständnis.

Gewohnheiten und Disziplin

Um nachhaltige Erfolge zu erzielen, bedarf es durchaus einer bestimmten Qualität, die möglicherweise auch bereits auf deinem Wunschzettel steht: Durchhaltevermögen, das sich auch äußert als die Fähigkeit zur Selbstdisziplin bzw. Willenskraft.

Besonders von Menschen, die in eher kreativen Berufen tätig sind, ist oft zu hören, dass eine ihrer größten Hürden das Thema Selbstmotivation und Disziplin ist.

Mehr Menschen, als man denkt, sind sehr vielseitige Persönlichkeiten, und diese Eigenschaft kann in gleichem Maße Kraftquelle und Bremsklotz sein. Wenn wir nicht lernen, unsere Energie zielgerichtet zu kanalisieren, verpufft viel von dieser kreativen Power ungenutzt. Daher lohnt es sich, einmal einen Blick darauf zu
werfen, was Willenskraft tatsächlich ausmacht, und was sie bewirkt.

Was hältst du von folgender These: Menschen mit starker Willenskraft, die sich auf langfristige Ziele konzentrieren, werden wahrscheinlich eher ein erfolgreiches und zufriedenes Leben führen.

Tatsächlich gibt es einige Anhaltspunkte dafür, dass die obige Behauptung valide ist.

In den sechziger Jahren führte Walter Mischel, ein amerikanischer Neuropsychologe, eine Studie durch, mit der er berühmt geworden ist, das so genannte Marshmallow-Experiment.

Er ließ Vorschulkinder allein in einem Raum sitzen, vor ihnen auf dem Tisch ein Marshmallow. Man erklärte ihnen, dass sie eine zweite dieser Süßigkeiten erhalten würden, wenn es ihnen gelänge, zwanzig Minuten zu warten, bis sie den ersten verspeisten. Sollten sie allerdings vor Ablauf der Zeit zugreifen oder nach dem Aufsichtspersonal klingeln, müssten sie sich mit dem einen Marshmallow zufriedengeben.

Die Kinder zeigten sehr unterschiedliche Strategien, um mit dieser Herausforderung umzugehen: Manche aßen das Marshmallow sofort oder hielten nur wenige Minuten durch, bis sie der Versuchung nachgaben. Andere Kinder versuchten, sich irgendwie abzulenken, um so die Zeit zu überbrücken. Und es gab auch einige Kinder, die anscheinend gar keine Probleme mit dem Warten hatten.

Kinder zeigen also schon in sehr frühem Alter bestimmte Verhaltensweisen, bezogen auf die Erreichung eines Ziels. Richtig spannend ist natürlich die Frage, ob sich das auf ihr späteres Leben auswirkt - und das ist tatsächlich der Fall. Walter Mischel hat sich 50 Jahre später angeschaut, was aus den Kindern von damals geworden ist, und er konnte Erstaunliches feststellen.

Es gibt zwar so etwas wie eine genetische Veranlagung, die sich in einer Tendenz zu höherer oder niedriger Willensstärke zeigt. Doch wer jetzt denkt, damit wäre alles erklärt, und wenn man unter mangelnder Willenskraft leide, könne man ohnehin nichts daran ändern, liegt leider falsch. Denn Mischel zeigt auch, dass jeder Einzelne es in der Hand hat, seine Selbstkontrolle zu verbessern.

Am erfolgreichsten im Privat- und Berufsleben waren offenbar unter dem Strich diejenigen Kinder, die sich einiges einfallen ließen, um sich von dem Marshmallow abzulenken.

Besonders gut funktionierte diese Strategie, wenn die Kinder das Marshmallow abdeckten oder sich von ihm abwandten, sodass sie es nicht mehr im Blick hatten. Das reduzierte offenbar die Versuchung, zuzugreifen. Sie behielten auf diese Weise also ihr Ziel, am Ende zwei Marshmallows zu erhalten, innerlich im Auge und arbeiteten darauf hin, es zu erreichen.

Dieses Verhalten lässt sich auch auf erwachsene Menschen und ihre Strategien übertragen. Wer also beispielsweise an einem kreativen Projekt arbeitet, das innerhalb eines bestimmten Zeitrahmens umgesetzt werden muss, tut gut daran, der Versuchung durch mögliche Ablenkungen bewusst zu widerstehen.

Unter diesem Aspekt ist der in Selbstmanagement-Seminaren oft empfohlene Rat, das Mailprogramm nur dreimal pro Tag zu öffnen, oder das Smartphone während der Arbeit an einem konkreten Projekt nicht in Sichtweite zu platzieren, tatsächlich äußerst sinnvoll. Es kommt vor allem darauf an, sich sein eigentliches Ziel immer wieder bewusst zu machen. Damit steigt dann auch die Chance, seine Vorsätze in die Tat umzusetzen.

Versuchungen präsentieren sich ja auf ganz unterschiedlichen Ebenen: Wer abnehmen möchte, muss auf Süßigkeiten oder Alkohol verzichten, wer eine vertrauensvolle und dauerhafte Beziehung führen will, sollte möglichen Gelegenheiten zum Fremdgehen widerstehen, und wer beruflich erfolgreich sein will, darf sich nicht immer wieder von durchaus interessanten, jedoch nicht zielführenden Themen ablenken lassen.

Auch hier kann man sich etwas von den Vorschulkindern abgucken: das eigentliche Ziel im Auge behalten und gleichzeitig Argumente finden, wieso die Versuchung gar keine ist. Wer sich die Versuchung bewusst schlecht redet, verliert eher den Appetit darauf.

Grundsätzlich hilft eine positive Lebenseinstellung: „Wir müssen uns vorstellen, dass wir es schaffen können, wenn wir nur hart genug dafür arbeiten. Es klingt banal: Aber pessimistische Menschen tendieren dazu, nach den sofort verfügbaren Belohnungen zu greifen, anstatt sich für ein hochgestecktes Ziel zu entscheiden." (Walter Mischel)

Neuropsychologisch haben wir es hier mit zwei verschiedenen Systemen zu tun: Das limbische System, der evolutionär älteste Teil unseres Gehirns, ist auf das Überleben ausgelegt. Es springt daher immer sofort an, wenn es um die kurzfristige Befriedigung eines Impulses geht. Schließlich ist es bequemer, auf der Couch eine Tüte Chips zu futtern, als eine Runde joggen zu gehen, und es verschafft schnell und scheinbar leicht einen gewissen Lustgewinn.

Das schlechte Gewissen, das sich hinterher meldet, entsteht im präfrontalen Cortex, der für rationales Denken und Selbstkontrolle zuständig ist. Leider hat dieser Teil es schwerer, weil er jünger ist. Unser limbisches System war über viele Jahrtausende zuständig fürs Überleben, und es war damit äußerst erfolgreich. Es ist für Hunger, Angst und den Sexualtrieb zuständig, und es reagiert immer sofort und kaum überhörbar.

Deshalb ist es wichtig und auch machbar, den bewussten Umgang mit Versuchungen und das Setzen von Zielen bewusst zu trainieren. Auf diesen Aspekt gehe ich später noch ein, wenn wir uns den praktischen Tipps zuwenden.

Wenn du also auch zu der großen Gruppe der vielseitig begabten und interessierten Menschen gehörst, die zwar sehr viel wissen und können, aber beruflich und manchmal auch privat trotzdem nicht so recht vom Fleck kommen, dann kann das auch mit der Ausprägung deiner Willenskraft zu tun haben.

Vielleicht verstehst du nun ein wenig besser, warum auch du sehr wahrscheinlich schon mal daran gescheitert bist, eine neue

Gewohnheit dauerhaft in dein Leben zu integrieren. Du hast zwar hoch motiviert damit begonnen, regelmäßig Sport zu treiben ... aber nach wenigen Wochen war irgendwie die Luft raus, und du hast dich doch wieder beim Schlendrian eingefunden.

Oder du wolltest deinen Schreibtisch jeden Abend aufräumen. Ein paar Tage ging das auch ganz gut, aber nach zwei Monaten sah es darauf wieder aus wie zuvor.

Sehr wahrscheinlich hast du irgendwann mit den Achseln gezuckt und dir wieder einmal bestätigt, dass du eben keine oder zu wenig Selbstdisziplin hast. Du bist halt einfach ein Mensch ohne echte Willensstärke, richtig?

Falsch! Zum einen hast du ja gerade gelernt, dass Willenskraft auch eine Frage des Trainings ist. Das Problem an dieser Selbstverurteilung ist außerdem, dass du dich damit schlecht machst und entsprechend fühlst. Nicht gerade förderlich fürs Selbstbewusstsein.

Und zum anderen blendest du dabei komplett aus, wie viele Gewohnheiten du dir durchaus erfolgreich angeeignet hast – wobei es offenbar gar kein Problem mit der Selbstdisziplin gab.

Schau dir doch mal an, was du für deinen Beruf regelmäßig ganz selbstverständlich tust: Vielleicht bist du Grafikerin und hast dir viel Know-how in der Bildbearbeitung angeeignet. Oder du textest und beschäftigst dich regelmäßig mit SEO-Fragen. Oder du bist als Fotograf ein Ass beim Thema Ausleuchtung.

All dieses Wissen ist dir nicht zugeflogen, sondern du hast es dir erworben, indem du dich immer wieder damit beschäftigt hast. Du hast Bücher gelesen, dich mit anderen ausgetauscht, eine Ausbildung und weitere Fortbildungen gemacht und ständig geübt.

Hast du dafür Disziplin gebraucht?

Wenn du jetzt einmal darüber nachdenkst, wirst du vermutlich feststellen, dass du an manchen Tagen auch keine richtige Lust hattest, dich intensiver mit dem Thema zu beschäftigen. Aber du hast es halt trotzdem getan. Nichts anderes ist Selbstdisziplin: Etwas tun, obwohl der innere Schweinehund sich wehrt und lieber gemütlich im Bett liegenbleiben möchte.

Es ist aber gut möglich, dass du das bisher überhaupt nicht so wahrgenommen hast. Vielleicht ist es dir bis heute gar nicht in den Sinn gekommen, dass du also doch in manchen Bereichen deines Lebens Selbstdisziplin gezeigt hast. Was wahrscheinlich daran liegt, dass du nie unter diesem Aspekt darüber nachgedacht hast.

Woran liegt das? Wieso glaubst du in dem einen Bereich deines Lebens, du hättest nicht genügend Selbstdisziplin, während du in einem anderen Bereich ganz selbstverständlich diszipliniert an die Dinge herangehst und gar nicht merkst, dass du das tust?

Dieses Phänomen lässt sich erklären durch eine entscheidende Zutat: Wenn du eine innere Motivation spürst, wenn du also ganz genau weißt, wofür du etwas tust - dann brauchst du tatsächlich keine Willenskraft. Dann erübrigt sich ein Nachdenken über Selbstdisziplin, denn du wirst die Dinge einfach tun, weil die Motivation stärker ist als der innere Widerstand.

Freunde dich also damit an, dass Disziplin nicht dein Problem ist, wenn du dir bisher bestimmte Gewohnheiten nicht aneignen konntest. Es geht vielmehr darum, dass du deinen tiefsten Antrieb
aufspürst.

Erfolgsgewohnheiten dauerhaft etablieren

Was genau sind eigentlich Erfolgsgewohnheiten?

Die einfachste Antwort auf diese Frage lautet: alle Verhaltensweisen, die nachhaltig dazu beitragen, dass du deine Ziele für dieses Leben erreichst.

In diesem Buch erfährst du, welche Erkenntnisse aus den Neurowissenschaften dich dabei unterstützen können, solche Gewohnheiten in dein Leben zu integrieren. Sie werden dir helfen, dein Leben nachhaltig zum Positiven zu verändern, weil du auf diese Weise nach und nach gesündere, produktivere und erfüllendere Verhaltensweisen erlernen wirst.

Allerdings kennst du vermutlich folgendes Phänomen: Du nimmst dir etwas vor, was du möglicherweise schon lange vor dir hergeschoben hast. Und du bist auch wirklich sehr motiviert und legst frohen Mutes los. Doch nach meist sehr kurzer Zeit versickert die Motivation wieder irgendwohin, und es bleibt bei der positiven Absicht.

Die gute Nachricht ist: Die Motivation ist nicht weg, sondern nur gerade woanders, und wir können sie uns zurückholen. Ein Erfolgsgeheimnis liegt tatsächlich darin, sich Routinen anzueignen. Und das ist einfacher als man denkt, wenn man erst einmal begriffen hat, wie unser Gehirn funktioniert.

Schlechte Gewohnheiten loszuwerden und gleichzeitig neue zu etablieren, die uns guttun – das würden wir gerne schaffen. Doch sehr oft scheitern wir aus den folgenden Gründen daran:

- Wir nehmen uns zu viel vor. Gerade zu Anfang ist man meist hoch motiviert und will dann im Prinzip alles auf einmal erreichen. Das klappt aber in den wenigsten Fällen.
- Wir geben zu früh wieder auf. Nach ein, zwei Wochen lässt der Reiz des Neuen und damit unsere Motivation deutlich nach. Die Folge: Wir werden nachlässig, gönnen uns eine Auszeit – und kommen dann einfach nicht wieder rein. Der Autopilot der schlechten Gewohnheit sitzt wieder am Steuer.
- Wir fangen gar nicht erst an. Denn wir glauben, wir müssten diszipliniert und willensstark sein, und da wir das ja ohnehin nicht sind, lassen wir es lieber gleich …

Um unser Gehirn und damit den Autopiloten in gewisser Weise auszutricksen, brauchen wir letztlich eine sehr starke Selbstmotivation. Ich denke, das ist bis hierher deutlich geworden.

Und wie kannst du einen Zugang dazu finden? Das verrate ich dir jetzt:

Die geheime Zutat

Mit Anfang vierzig fing ich mit dem Laufen an, und zwar im Januar. Alle wunderten sich, warum ich ausgerechnet dann loslegte, als es so richtig kalt war. Aber ich antwortete: „Im Frühjahr fliegen die Pollen. Im Sommer ist es einfach zu heiß. Im Herbst könnte es durch die Blätter rutschig sein. Irgendwas ist immer.
Darum fange ich jetzt an."

Ich hatte die Entscheidung getroffen und ließ keine Ausreden mehr gelten. Was hatte sich verändert?

Damit kommen wir zu einem sehr wichtigen Punkt.

Ich arbeite als Coach. Das heißt, ich unterstütze Menschen dabei, ihren Weg zu gehen, und dafür manchmal auch schwierige Entscheidungen zu treffen. Ich mache ihnen Mut, alte Muster zu durchbrechen.

Mir wurde klar, dass ich vor mir selbst und vor meinen Klienten nicht mehr glaubwürdig agieren konnte, wenn es mir nicht gelingen würde, die viel beschworene Einheit von Körper, Geist und Seele auch in meinem eigenen Leben umzusetzen.

Glaubwürdigkeit und Authentizität sind für mich extrem hohe Werte. Wenn ich weiter glaubwürdig sein, vielleicht sogar ein Vorbild sein wollte, musste ich einfach anfangen, regelmäßig Sport zu treiben, was ich bis dahin nicht getan hatte.

Nachdem mir diese Erkenntnis gekommen war, fiel es mir ganz leicht. Als ich einmal diese Motivation, diese tiefste innere Inspiration, gefunden hatte, war es nicht mehr schwer, ins Tun zu kommen und dabei zu bleiben.

Wenn du dir also eine neue Gewohnheit aneignen möchtest, dann frage dich zunächst:

Was genau bedeutet das für dich?

Stell dir vor, du möchtest zum Beispiel mehr Ordnung auf deinem Schreibtisch halten – welche Motivation steckt dahinter?

Vielleicht antwortest du: „Weil ich klarer denken kann, wenn mein Schreibtisch leer ist.“ Dann frage dich erneut: „Und was bedeutet das für mich, wenn ich klarer denken kann?“ – „Dann bin ich konzentrierter.“ - „Und wenn ich konzentrierter bin?“ - „Dann bringe ich bessere Leistungen.“ - „Und wenn ich bessere

Leistungen bringe?" - „Dann erhalte ich mehr Anerkennung." - „Und wenn ich mehr Anerkennung erhalte?" - „Dann kann ich auf mich stolz sein."

Letztendlich steckt hinter deinem Wunsch nach mehr Ordnung also die Sehnsucht, stolz zu sein auf das Erreichte. Dann ist dieser Wunsch also die entscheidende Zutat, die dich sehr stark motiviert.

Vielleicht kommst du bei diesem Beispiel auf eine ganz andere Antwort. Wichtig ist, dass du dich nicht mit der erstbesten zufriedengibst, sondern wirklich nachspürst. Du wirst merken, wenn du nicht mehr weiter bohren musst.

Langfristige Ziele umzusetzen, für die du dir bestimmte Gewohnheiten aneignen musst, funktioniert sogar noch besser, wenn du eine Vision entwickelst.

Die meisten Menschen denken beim Wort Vision gleich an so etwas wie die Welt retten ... Aber das ist damit gar nicht gemeint. Vielmehr geht es darum, dass du ein Bild von dir entwirfst, was du in deinem Leben erreichen möchtest. Wohin soll die Reise gehen? Was für ein Mensch willst du sein? Auf welches Leben möchtest du zurückschauen, wenn du alt bist?

Um das herauszufinden, lade ich dich im nächsten Kapitel zu einem spannenden Experiment ein.

Einladung zur Zeitreise

Sich eine neue Gewohnheit anzueignen, ist immer erst einmal mühsam. Denn wir müssen bestimmte Hürden überwinden, im Innen wie im Außen.

Manchmal schlägt uns richtiger Widerstand entgegen, zum Beispiel aus dem sozialen Umfeld.

Wenn du zum Beispiel abnehmen möchtest, machst du vielleicht die Erfahrung, dass deine Familie nicht unbedingt mitzieht und dich immer wieder verführen will, zu deinen alten, ungesunden Essgewohnheiten zurückzukehren.

Das hat damit zu tun, dass ein System - und auch eine Familie ist ein System - Veränderungen grundsätzlich nicht mag. Es wird immer versuchen, wieder ins Gleichgewicht zu kommen, und das erreicht man am schnellsten, indem man zum Ausgangspunkt zurückkehrt. Dieses Phänomen ist als Homöostase bekannt.

Wenn du nicht sehr genau weißt, wofür du die Anstrengung auf dich nimmst, dein Essverhalten zu verändern, wirst auch du von der Homöostase erfasst, und du fällst schneller als gedacht in die alten Gewohnheiten zurück.

Ich habe in solchen und ähnlichen Fällen festgestellt, dass es äußerst hilfreich ist, mich mit meinem zukünftigen Ich zu verbinden. Wenn ich in meinem Kopf eine sehr klare Vorstellung davon entwickle, wer ich sein will, dann kann ich dieses Bild immer wieder aufrufen und mich daran orientieren. Tatsächlich kann ich mein zukünftiges Ich sogar um Rat fragen.

Das klingt vielleicht erst einmal seltsam für dich, wenn du mit solchen Methoden noch nie gearbeitet hast. Und das gibt mir die Möglichkeit, dich dazu einzuladen, deinen Geist zu öffnen. Denn du hast ja dieses Buch erstanden in der Hoffnung zu erfahren, wie es dir tatsächlich gelingen kann, Erfolgsgewohnheiten zu etablieren.

Nun, eine wichtige Voraussetzung dafür ist, dass du mit deinem Denken die gewohnten Bahnen verlässt. Denn wie willst du dein

Verhalten dauerhaft verändern, wenn du so weitermachst wie bisher?

Deshalb versuche, unvoreingenommen neue Erfahrungen zu machen und einfach zu beobachten, was sich dadurch bei dir verändert.

Bei der Zeitreise gehe ich von der Annahme aus, dass du dich grundsätzlich nur nach Dingen sehnen kannst, die bereits als Samen in dir existieren. Wenn du also beispielsweise davon träumst, Schriftstellerin zu sein, dann existiert dafür in der Zukunft eine reale Möglichkeit, sonst könntest du das gar nicht denken.

Zeit verstanden als lineare Abfolge von Ereignissen ist ja lediglich ein Konstrukt, auf das wir uns alle geeinigt haben. Es gibt zahlreiche Hinweise darauf, dass alle Zeitebenen in gewisser Weise parallel existieren. Für dich und dein Leben bedeutet das: Du existierst in deiner besten Version der Zukunft bereits irgendwo. Es kann also hilfreich sein, dich mit dieser Version zu verbinden.

Ich habe zum Beispiel nie davon geträumt, eine erfolgreiche Sportlerin zu sein. Das kam in meinen Tagträumereien niemals vor, weil ich mich nicht danach sehnte. Aber Schriftstellerin wollte ich tatsächlich schon immer sein - ich hatte diesen Traum nur lange Jahre begraben.

Alles, was du träumen kannst, kannst du auch wahrmachen, selbst wenn es dir im Moment ganz unwahrscheinlich vorkommt. Aber unwahrscheinlich ist nicht unmöglich ...

Natürlich gibt es physikalische Grenzen: Wenn du schon 60 Jahre alt bist und noch nie Klavier gespielt hast, wird es wahrscheinlich wirklich nicht mehr dazu kommen, dass du eine erfolgreiche Konzertpianistin wirst. Aber im Familienkreis kannst du irgendwann vielleicht doch auftreten. Passe dein inneres Zielbild

den
Gegebenheiten an, aber lass nicht zu, von vornherein Gründe zu finden, wieso es eh nicht klappen kann mit deinem Traum!

Für deine Zeitreise schlage ich dir folgenden Ablauf vor:

- Mach es dir an einem Lieblingsplatz bequem. Vielleicht lässt du eine ruhige Musik laufen. Oder du setzt dich raus in die Natur, ans Wasser, unter deinen Lieblingsbaum, auf eine blühende Wiese …
- Wenn du magst, schließ die Augen. Mir hilft das immer, in Kontakt mit mir selbst zu kommen und mich weniger von äußeren Eindrücken ablenken zu lassen.
- Atme ein paarmal tief ein und aus und konzentriere dich auf diesen Ort in dir, der immer da ist, wo du wirklich ganz bei dir bist. Vielleicht hast du ja eine ganz konkrete Vorstellung von diesem Ort. Sonst lass dich einfach von deinem Atem führen.
- Dann stell dir vor, wie sich von diesem Ort aus ein Zeitstrahl in deine Zukunft erstreckt. Es mag sein, dass du sogar die Farbe dieses Strahls erkennen kannst.
- Am Ende dieses Zeitstrahls erscheint irgendwann eine Gestalt, und vielleicht nimmst du sie ganz deutlich wahr. Vielleicht bleibt sie auch eher unscharf und verschwommen, aber sie hat eine ganz positive Ausstrahlung und du weißt tief in dir drin, dass diese Gestalt du selbst bist, irgendwann in der Zukunft, als dein bestes Ich.
- Spüre, was du jetzt wahrnehmen kannst. Was tut diese Gestalt in der Zukunft? Wie sieht sie aus? Ist sie alleine, oder kannst du andere Menschen bei ihr wahrnehmen? Welche Ausstrahlung hat diese Version von dir, die alles erreicht hat, wovon du träumst?
- Wenn du eine Verbindung zu dieser Gestalt gefunden hast, kannst du ihr jetzt auch Fragen stellen. Du kannst

zum Beispiel fragen, was der erste Schritt sein könnte, den du heute noch gehen kannst, hin zu diesem Zukunfts-Ich. Das kann auch eine ganz kleine Handlung sein. Lausche aufmerksam, welche Antwort du erhältst.

- Nimm dir Zeit für diesen Kontakt mit deinem zukünftigen Selbst und genieße diese außerordentliche Erfahrung.
- Wenn du spürst, dass du für heute genug erfahren hast, bedanke dich bei deinem Zukunfts-Ich und verabschiede dich.
- Nimm dir noch ein wenig Zeit, um dieser Erfahrung nachzuspüren und kehre dann zurück in deine Gegenwart.

Wenn du von deiner Zeitreise zurückgekommen bist, schreib dir unbedingt auf, was du gesehen und erfahren hast. Das wird dir mehr als alles andere helfen, „auf Spur" zu bleiben. Denn du kannst dich immer wieder mit diesem Zukunfts-Ich verbinden, gerade dann, wenn du vielleicht eine kleine Krise hast oder an dir zweifelst.

Dein Zukunfts-Ich zeigt dir, dass es möglich ist, deine Träume zu leben. Es kann eine magische Anziehungskraft entwickeln, die dich in deine Zukunft zu ziehen scheint. Und es macht dir immer wieder aufs Neue klar, wie sehr es sich lohnt, deine Gewohnheiten wirklich zu verändern, weil du nur so dieses Zielbild wirklich in die Realität bringen kannst.

Zeit für deinen Kurswechsel

Du weißt inzwischen wahrscheinlich, wohin es dich zieht und was dein Beitrag für das große Ganze sein könnte. Doch du befürchtest vielleicht, dass du deine hoch gesteckten Ziele nicht erreichen wirst, weil du auch in der Vergangenheit immer wieder daran
gescheitert bist.

Deshalb zeige ich dir jetzt, wie du Schritt für Schritt vorgehen kannst, um neue Gewohnheiten zu etablieren. Du musst jetzt noch gar nichts tun. Diese Kapitel dienen deiner Information, und du kannst dich schon mal innerlich darauf einstellen, was zu tun ist, wenn es dir wirklich ernst ist.

Danach starten wir mit dem 35-Tage-Plan, der dich strukturiert und systematisch durch den gesamten Prozess leiten wird.

1. Triff eine bewusste Entscheidung.

Auch wenn es so banal klingt: Neue Gewohnheiten kommen nicht einfach so. Sie brauchen ein klares Statement. Wenn du dir bewusst gemacht hast, welche Gewohnheit du in dein Leben bringen willst und auch ganz genau weißt, wofür, dann lege dich darauf fest.

Wähle für den Moment der Entscheidung einen Augenblick der Ruhe. Wenn wir gestresst sind, funktioniert unser Gehirn nicht so gut, und das erschwert die Planung.

Wenn sich in deinem Leben durch äußere Umstände sowieso gerade einiges ändert, zum Beispiel durch einen Jobwechsel, einen Umzug, eine Trennung etc., dann sind wir grundsätzlich offener dafür, eingefahrene Muster zu ändern.

2. Trainiere deine Willenskraft

Auch wenn du deine tiefste Motivation gefunden hast, kann es gerade zu Beginn eine Herausforderung sein, sich jeden Tag aufzuraffen. Vor allem für diejenigen, die sich bisher erfolgreich davon überzeugt haben, dass sie faul und undiszipliniert seien.

Lass uns daher zunächst nochmal einen Blick in unser Gehirn werfen. Da ist nämlich ein Mechanismus am Werk, der sich „retikuläres Aktivierungssystem" nennt.

Das ist sozusagen ein Wahrnehmungsfilter, der dafür sorgt, dass die bis zu 80.000 verschiedenen Sinneseindrücke, die pro Sekunde (!) auf uns einprasseln, sortiert und nach Wichtigkeit geordnet werden.

Wir können tatsächlich nur ungefähr 8-10 dieser unfassbar vielen Wahrnehmungen bewusst verarbeiten - und das ist auch gut so. Stell dir mal vor, wie anstrengend das wäre, wenn wir jede einzelne Wahrnehmung bewusst verarbeiten müssten. Wahrscheinlich würde uns der Kopf platzen.

Das retikuläre Aktivierungssystem soll also im Grunde dafür sorgen, dass nur relevante Informationen im Bewusstsein ankommen. Das hilft uns dabei, uns zum Beispiel beim Arbeiten darauf zu fokussieren, was dafür notwendig ist. Gleichzeitig blenden wir den Rasenmäher vor der Tür oder das Klappern der Tastatur vom Nachbarschreibtisch aus.

Die Kehrseite der Medaille ist allerdings, dass unsere Vorannahmen darüber, wie das Leben ist, beziehungsweise was wir über uns selbst glauben, ebenfalls durch diesen Filter laufen.

Wenn du also denkst, dass du keine Willensstärke hast und eigentlich ein Versager-Mindset mit dir herumschleppst - dann wirst du die ganze Zeit Erfahrungen machen, die dir dies immer wieder
bestätigen. Weil dein retikuläres Aktivierungssystem nur diejenigen Informationen zu dir durchlässt, die diese Überzeugung be-
stätigen.

Was also tun?

Hier kommt dein zukünftiges Ich ins Spiel, das du auf deiner Reise in die Zukunft kennengelernt hast. Wenn du Bilder entwickelt hast von dir in einem neuen Setting, dann hilft dir diese Visualisierung dabei, dich immer wieder neu mit deinem Vorhaben zu verbinden.

Außerdem hat es sich bewährt, mikrokleine Trippelschrittchen zu gehen - jeden Tag einen mehr.

Wenn du dir also eine Gewohnheit vorgenommen hast, die dir im Moment noch echt undurchführbar erscheint: Dann starte damit, dass du deine Willenskraft trainierst.

Mach jeden Tag eine Kniebeuge für diese Gewohnheit - auch wenn das im ersten Moment scheinbar wenig mit dem eigentlichen Vorhaben zu tun hat.

Aber diese eine Kniebeuge jeden Tag trainiert deine Willenskraft. Mach das wirklich täglich - und hey, eine einzige Kniebeuge jeden Tag schafft wirklich jeder!

Wenn du also jeden Tag nur diese eine Kniebeuge machst, bewirkt das in deinem retikulären Aktivierungssystem nach und nach den Effekt, dass diese Kniebeuge und was damit zusammenhängt, als relevant eingestuft wird.

Das heißt, du schaffst dir nach und nach positive Referenzerfahrungen, auf die du dich beziehen kannst. Mit jedem Tag und jeder Kniebeuge beweist du dir, dass du es kannst. Dass du durchziehst, was du dir vorgenommen hast. Dass du Willensstärke hast.

Und ja, es ist wirklich so easy.

3. Formuliere ein klares Ziel.

Wenn du wirklich möchtest, dass sich etwas verändert in deinem Leben, dann beginne damit, konkret zu werden.

Verschwommene Absichtserklärungen à la „Ich wäre schon gerne ordentlicher" bringen dich nicht weiter.

Ziel erkannt - Kraft gespannt! Das hat mir tatsächlich eine Klassenkameradin in der Grundschule in mein Poesiealbum geschrieben. Nur haben wohl weder sie noch ich damals richtig begriffen,
welche Idee dahintersteckt.

Viele Menschen haben Träume und Wünsche, vielleicht sprechen sie sogar von Visionen. Woran liegt es bloß, dass so wenige ihre Vorstellungen auch in die Tat umsetzen?

Wahrscheinlich wissen sie einfach nicht, wie man ein Ziel strategisch definiert. Und auch wenn jetzt alle „Rechtshirner" - und das sind vermutlich die meisten von uns - sich irgendwie unbehaglich fühlen: Genau darauf kommt es an.

Das Schöne daran ist, dass wir den Fahrplan zu unserem Ziel ganz nach unserem eigenen Gusto gestalten können - sogar müssen, wenn wir damit wirklich Erfolg haben wollen.

Ein Ziel wird erst dann richtig „sexy", wenn wir es vor unserem inneren Auge sehen können und bereits spüren, wie wir uns fühlen werden, wenn es erreicht ist. Wir brauchen außerdem die Gewissheit, dass wir es tatsächlich aus eigener Kraft schaffen können, und es darf nicht mit unseren Werten kollidieren.

Was das heißt? Stell dir vor, du willst abnehmen - jedenfalls meinst du, das wäre nötig. Dann kannst du zwar ein Zielbild von dir als schlanker und durchtrainierter Person entwickeln. Wenn jetzt
allerdings dein Liebster oder deine Liebste dich wissen lässt, dass er oder sie dich mollig viel attraktiver findet, dann könnte es sein, dass dir der Wert „attraktiv für den/die Liebste*n" letztlich wichtiger ist als der Wert „gesund und schlank" - und deine Chance, dieses Ziel zu erreichen, tendiert damit gegen Null.

Merke: Willst du ein Ziel erreichen, gehe am besten nach den so genannten **SMART-Kriterien** vor:

- **S für spezifisch:** so konkret wie irgend möglich, auch und vor allem in den Sinneswahrnehmungen. Wie wird das aussehen und sich anfühlen, was gehört alles dazu?
- **M für messbar:** eine Maßeinheit finden. Wie viele Kilo willst du abnehmen, wie viele Kunden dazu gewinnen?
- **A für attraktiv:** welcher Gedanke an dein Ziel motiviert dich am meisten? Was bringt dich wirklich in Bewegung?
- **R für realistisch:** Kannst du dein Ziel aus eigener Kraft erreichen? Hast du dir auch nicht zu viel vorgenommen? Kannst du es vielleicht in Teilziele herunterbrechen?
- **T für terminierbar:** sich einen Zeitpunkt vornehmen, bis zu dem das Ziel erreicht sein soll. Sonst schiebt man den ersten Schritt immer weiter hinaus, weil ja nicht klar ist, bis wann man soweit sein will.

Wenn es uns gelingt, ein Ziel in dieser Weise schon im Vorhinein konkret erfahrbar zu machen, wirkt das als Wahrnehmungsfilter:

Ab sofort werden wir wacher für Chancen und Menschen, die uns im Hinblick auf unser Ziel weiterbringen könnten.

Plötzlich fällt uns wie von selbst ein Buch in die Hände, das genau die Fragen beantwortet, die uns gerade bewegen. Oder wir lernen jemand kennen, der uns mit einem Detail oder einer Auskunft
wieder einen Schritt nach vorne bringt. Wir konzentrieren uns auf unser Ziel, haben echte Lust, es zu erreichen - und können dann erleben, wie stark der Sog aus der Zukunft werden kann, den so eine klare strategische Ausrichtung entwickelt.

Bezogen auf eine neue Gewohnheit könnte dein Ziel also lauten:

„Jeden Abend räume ich bis spätestens 20 Uhr meinen Schreibtisch auf."

Damit hast du dein Ziel spezifisch und konkret formuliert, und durch die Uhrzeit ist es auch zeitlich fixiert und damit messbar.

Wenn du der obigen Anleitung gefolgt bist, hast du dir außerdem ein Bild davon gemacht, wie dein Schreibtisch ab sofort jeden Abend aussehen wird, wenn alles an seinem Platz steht, die Ablage erledigt und der Computer ausgeschaltet ist.

Und vor allem weißt du, wofür du dir diese Gewohnheit aneignen möchtest. Du kennst also deine Motivation und kannst dich jederzeit damit verbinden. Das wird dir mehr als alles andere helfen, wirklich dranzubleiben.

4. Geh eine Verpflichtung mit dir selbst ein.

Vielleicht kennst du das ja auch: Wenn die Deadline näher rückt, kannst du plötzlich voller Energie an einem Projekt arbeiten, obwohl du es bis dahin immer wieder vor dir hergeschoben hast. Das hat etwas damit zu tun, dass du dich einer anderen Person gegenüber dazu verpflichtet hast, pünktlich abzuliefern.

Diesen Effekt kannst du dir zunutze machen, wenn es um deine eigenen Ziele geht: Schließe eine Art Vertrag mit dir selbst ab. Damit erhöhst du die Verbindlichkeit.

So könnte dein Vertrag mit dir selbst aussehen:

Ich, ………………… (dein Name), treffe heute mit mir die folgende Vereinbarung:

Ich werde in den nächsten 6 Monaten folgende Gewohnheit in mein Leben integrieren: ………………………………………

Mein Symbol dafür (Wähle dir einen passenden „Anker" – siehe „Mit Ankern arbeiten" im Kapitel „Schritt für Schritt zu neuen Gewohnheiten"): …………………………..

Ich nehme für die Umsetzung dieser neuen Gewohnheit in Kauf: ………………………..

Ich verpflichte mich hiermit, alles zu tun, was in meiner Kraft steht, um meine neue Gewohnheit fest in mein Leben zu integrieren. Ich bin fest entschlossen und freue mich darauf!

Ort, Datum Unterschrift

Du kannst natürlich auch andere Formulierungen wählen, die besser zu dir passen.

Noch verbindlicher wird diese Verpflichtung, wenn du dir Zeugen organisierst. Bitte bis zu drei Menschen aus deinem Umfeld, denen du vertraust, dich bei deinem Vorhaben zu unterstützen.

Erkläre ihnen, was du vorhast und bitte sie, dich regelmäßig zu fragen, ob du noch dabei bist. Auf diese Weise erhöhst du das Gefühl von Verpflichtung und schaffst dir selbst einen gewissen sozialen Druck. Vor sich selbst zu versagen, ist zwar unangenehm, aber damit kommen wir besser klar, als wenn wir unseren Freunden gestehen müssen, dass wir gescheitert sind.

5. Suche dir Verbündete.

Noch besser als Zeugen funktionieren Teams mit Menschen, die das gleiche erreichen wollen wie du. Das muss nicht unbedingt dieselbe Gewohnheit sein. Aber du kannst mit ein paar Gleichgesinnten ein Team bilden, in dem ihr euch gemeinsam darauf festlegt, innerhalb eines bestimmten Zeitraums ein individuelles Ziel zu erreichen.

Ihr trefft euch regelmäßig live oder virtuell und haltet euch über eure Fortschritte auf dem Laufenden. Da könnt ihr euch auch über Stolpersteine austauschen, euch gegenseitig Mut machen und euch auch unterstützen, wenn ihr doch mal einen Durchhänger habt.
Oder ihr trainiert sogar gemeinsam. Das hilft zum Beispiel beim Thema Sport und Bewegung ungemein, auf Spur zu bleiben!

6. Belohne dich.

Aus der Verhaltenspsychologie ist bekannt, dass Belohnungen als positive Verstärker dienen.

Bildlich gesprochen ist es ziemlich wirksam, wenn du dir eine sehr leckere und wirklich attraktive Karotte vor die Nase hängst: Was wirst du dir Besonderes gönnen, wenn es dir gelungen ist, eine neue Gewohnheit in dein Leben zu integrieren?

Überlege dir, was dich beim Gedanken an die neue Gewohnheit wirklich motivieren könnte: ein tolles Dinner in einem schicken Restaurant? Ein neues Kleidungsstück? Ein Kurzurlaub?

Achte darauf, dass die Belohnung wirklich attraktiv für dich ist – und vor allem: Mach sie wirklich wahr, wenn du dein Ziel erreicht hast!

Setze dir am besten einen Zeitraum von rund 30 Tagen zum Ziel, in dem du dein neues Verhalten regelmäßig praktiziert hast. Wenn dir das tatsächlich gelungen ist, wird die Belohnung fällig. Das motiviert dich zusätzlich, wirklich dranzubleiben.

Außerdem merkt dein Gehirn auf diese Weise, dass du dir etwas Gutes tust. Gewöhne dir außerdem jedes Mal, wenn du die neue Gewohnheit ausgeübt hast, eine bestärkende Geste an: Balle die Faust in einer Siegergeste, lege die Hände vor der Brust zusammen und verneige dich, oder schließe einfach kurz die Augen, lächle, und erkenne dich innerlich bewusst dafür an.

All diese Gesten werden von deinem Gehirn als positive Verstärker wahrgenommen und ebnen sozusagen den Weg für die neuen synaptischen Verknüpfungen, die du schaffen möchtest.

Im Kapitel „Sandwich-Methode“ erfährst du mehr darüber, wie du dieses Belohnungsritual ganz gezielt einsetzen kannst.

Was macht eine Erfolgsgewohnheit eigentlich aus?

Lass es mich so sagen: Eine Erfolgsgewohnheit bringt dich deinen Zielen wirklich näher.

Umgekehrt hindern dich bestimmte Gewohnheiten daran, deine wahren Ziele zu erreichen.

Es geht also im Grunde darum, einerseits hinderliche Gewohnheiten zu entmachten, und andererseits Gewohnheiten zu etablieren, die dir im Hinblick auf deine Ziele nützlich sind.

Wie du schlechte Gewohnheiten entschlüsselst

Um deinen schlechten Gewohnheiten ihre Macht zu nehmen, hilft es, den Auslöser zu kennen.

Angenommen, du hast dir irgendwann angewöhnt, es dir abends auf der Couch gemütlich zu machen. Dazu gehört für dich, dass du eine Leckerei bereitstellst: eine Tafel Schokolade oder ein Schälchen mit Erdnüssen.

Natürlich ist dir völlig klar, dass das ungesund und nicht gerade förderlich für die Linie ist. Trotzdem läuft jeden Abend dasselbe Programm ab:

Du gehst zum Schrank und holst dir was zum Knabbern, bevor du dich mit einem erleichterten Seufzer auf die Couch sinken lässt.

Wann genau startet dieser Ablauf, und was löst ihn aus?

Um das zu verstehen, schalte doch mal in den Rückwärtsgang. Geh also innerlich Schritt für Schritt rückwärts in der Zeit: von dem
Moment, in dem du mit der Leckerei in der Hand auf die Couch sinkst, bis hin zu dem Augenblick, in dem du die Entscheidung triffst, die Schranktür zu öffnen. Was genau passiert, bevor du die Schranktür öffnest? Welche Gedanken gehen dir durch den Kopf? Welches Gefühl hast du in diesem Moment?

Versuche, diesen Ablauf einmal nüchtern nachzuvollziehen und dir deine Gefühle und Gedanken ganz bewusst zu machen. Schalte also um vom Autopiloten, dem unbewussten Ablauf, zurück zum bewussten Handeln.

Vielleicht stellst du fest, dass du dich belohnen willst, weil du einen weiteren anstrengenden Tag durchgestanden hast.

Vielleicht liegt dahinter aber auch ein unbestimmtes Gefühl von Sehnsucht, weil gerade niemand in deinem Leben ist, mit dem du deinen Tag mit seinen Höhen und Tiefen teilen kannst.

Vielleicht fühlst du dich erschöpft und müde, innerlich irgendwie leer, und etwas Süßes gibt dir zumindest für einen Moment das Gefühl von Erfüllung.

Wenn du so ehrlich hinschaust und hineinspürst - was natürlich nicht unbedingt angenehm ist, wir meiden diese Gefühle ja gern - wird dir wahrscheinlich der emotionale Auslöser dafür klar, warum du jeden Abend zu der Leckerei greifst.

Nun kannst du das Gefühl, das die schlechte Angewohnheit auslöst, nicht auf Anhieb verändern. Aber du kannst dir Alternativen überlegen, die ein ähnliches positives Gefühl auslösen nach vollbrachter Handlung.

- Wie kannst du dich also alternativ belohnen?
- Wie kannst du der Einsamkeit begegnen?
- Wie findest du Erfüllung, ohne Süßes zu essen?

Die Antwort auf diese Fragen bringt dich auf eine sehr wertvolle Spur: Du findest so nämlich wahrscheinlich heraus, welche Gewohnheit du stattdessen in dein Leben integrieren möchtest. Und wenn du das weißt, dann fühlt sich das so an, als könntest du jetzt plötzlich den Vorwärtsgang einlegen und endlich losfahren.

Manchmal ist es gar nicht so einfach, neue Gewohnheiten überhaupt erst einmal zu benennen, die solche alten Routinen ersetzen sollen.

Gerade wenn das Thema Erfolgsgewohnheiten für dich neu ist, kann es sein, dass du erst einmal ein bisschen herumexperimentieren möchtest, welche Gewohnheiten für dich wirklich hilfreich sind.

Deshalb gebe ich dir an dieser Stelle ein paar Anregungen für Routinen, die sich für mich über die Jahre bewährt haben. Das soll nicht heißen, dass du dir exakt diese Gewohnheiten in genau dieser Form ebenfalls aneignen solltest.

Sondern ich möchte dir gern vermitteln, wieso ich mich für genau diese Gewohnheiten entschieden habe und welche Überlegungen mich dazu bewogen haben. Vielleicht inspiriert dich das zu deinem eigenen Erfolgsgewohnheiten-Set.

Klarheit schaffen – immer wieder neu

Ich weiß nicht, wie es dir geht, aber meine Seele sehnt sich nach Klarheit. Wenn ich „strubbelig im Kopf" bin, kriege ich nichts geregelt.

Deshalb habe ich gerade im Krisen-Jahr 2020 nochmal neu gelernt, wie unverzichtbar es für mich ist, mich immer wieder neu auszurichten auf die Dinge, die mir wichtig sind. Das gibt mir eine Richtschnur für mein Handeln, und es fällt mir wesentlich leichter, dann auch wirklich auf Spur zu bleiben.

Um mir das immer wieder bewusst zu machen, habe ich meinen Sonntags-Klarheits-Check etabliert. Diese Anregung habe ich dem sehr lesenswerten Buch High Performance Habits von Brendon Burchard entnommen. Jeden Sonntag nehme ich mir 20 Minuten Zeit und stelle mich auf die kommende Woche ein. Dafür beantworte ich mir folgende Fragen:

1. Welche 3 Begriffe oder Werte leiten mein Handeln in der nächsten Woche?
2. Was kann ich konkret dafür tun?
3. Welchen Menschen will ich meine besondere Aufmerksamkeit schenken - und wie?
4. Welche Fähigkeiten, die wichtig sind für meinen Erfolg, möchte ich weiter ausbauen?
5. Was tue ich konkret dafür?
6. Wie kann ich diese Woche anderen dienen?
7. Wie kann ich meinem Leben noch mehr Sinn und Bedeutung geben?

Diese 20 Minuten haben es in sich, wie du feststellen wirst. Denn sie verbinden dich immer wieder neu mit allem, was dir am Herzen liegt - und sie erinnern dich daran, wofür du angetreten bist.

Ich halte meine Antworten in einer Kladde fest, in der ich alles aufschreibe, was ich lerne und woran ich mich erinnern möchte. Diese Form des Schreibens ist übrigens auch so eine Gewohnheit, die mich schon sehr lange begleitet.

Dankbarkeit kultivieren

Gerade heute Morgen, während ich dieses Kapitel schreibe, ist mir wieder bewusst geworden, wie unfassbar privilegiert ich bin:

Ich sitze im Warmen in meiner schönen Wohnung mit Blick ins Grüne. Die heiße Dusche wartet noch auf mich, mein Kühlschrank ist gut gefüllt, und ich bin weitgehend gesund.

Ich darf mein Leben nach meinen Vorstellungen leben, habe eine gute Ausbildung genossen und lebe in einem Land, in dem ich meine Meinung frei äußern darf, ohne Sanktionen befürchten zu müssen.

Ich liebe meinen Beruf, habe tolle Kundinnen und Kunden, die meine Arbeit wertschätzen, und ich kann viel Zeit in meine eigene Weiterentwicklung investieren.

In meinem Leben gibt es viele wunderbare Menschen, die mich mit ihrer Freundschaft unterstützen und bereichern und von denen ich lernen kann.

Das alles ist nur ein kleiner Ausschnitt. Wenn ich noch ein bisschen intensiver darüber nachdenken würde, wäre die Liste sicher noch deutlich länger.

Selbst wenn auf dich momentan nicht alle dieser Punkte zutreffen sollten, wirst du sicher selbst eine Menge Gründe finden, warum du dankbar sein kannst. Schreib die doch einfach mal auf – jetzt!

Die Krux ist nämlich, dass wir sehr oft den Fokus eher auf die Dinge richten, die noch nicht in unserem Leben sind. Wir sehen das, was andere haben oder können und schneiden im Vergleich schlechter ab.

Das bedeutet, wir konzentrieren uns eher auf den Mangel als auf die Fülle. Das ist schade, weil uns das daran hindert, wahrzunehmen, wie reich wir schon jetzt sind. Wir verpassen dabei, uns wirklich an dem zu erfreuen, was bereits da ist.

Dieses Verhalten ist offenbar auch evolutionär bedingt: Unsere Vorfahren mussten stets Gefahren antizipieren - das war einfach überlebensnotwendig. Heute ist das in diesem Ausmaß nicht mehr nötig.

Doch dieses Stieren auf das, was scheinbar fehlt in unserem Leben, führt aber dazu, dass wir das Mangelgefühl in uns weiter nähren. Denn unsere Energie folgt der Aufmerksamkeit. In vielen Fällen wird dadurch ein Gefühl von Anstrengung und Kämpfen müssen ausgelöst.

Solltest du dich also schon manchmal dabei ertappt haben, dass du dir wünschst, weniger kämpfen zu müssen - dann kultiviere Dankbarkeit. Nimm dir jeden Abend nur fünf Minuten Zeit, um aufzuschreiben, wofür du heute dankbar bist.

Das müssen nicht die ganz großen Erfolge sein. Du kannst dankbar sein, weil die Sonne scheint. Weil dein Vermieter dich angelächelt hat. Weil dein Kind ein Bild gemalt hat für dich. Weil genau im richtigen Moment ein Parkplatz frei geworden ist. Weil du einen neuen Auftrag erhalten hast ...

Nimm dir diese fünf Minuten Zeit für dein Dankbarkeits-Ritual, und ich garantiere dir, dass dein Leben sich verändern wird. Ganz allmählich wirst du dich besser und ausgeglichener fühlen. Du wirst öfter mal scheinbar grundlos glücklich sein. Und du wirst die bereits vorhandene Fülle in deinem Leben einfach mehr schätzen lernen.

Probiere es aus - am besten gleich heute.

Morgenroutinen etablieren

Auch wenn du kein Early Bird sein solltest, empfehle ich dir, deinen Tag mit mindestens einer Gewohnheit zu starten, die dich bei deinen Zielen unterstützt. Diese eine Sache, mit der du dich morgens auf den Tag ausrichtest.

Das können die fünf Minuten sein, die du früher aufstehst, um aufzuschreiben, mit welcher Haltung du in den Tag gehen möchtest.

Fünf Minuten schafft jeder Mensch - wenn es wichtig genug ist. Wie wichtig ist dir dein Erfolg wirklich?

Meine eigene Morgenroutine ist während des Corona-Lockdowns deutlich umfangreicher geworden. Und weil ich gemerkt habe, wie gut mir das tut, habe ich sie einfach beibehalten und sogar nach und nach noch erweitert.

Inzwischen sieht das bei mir so aus:

Ich koche mir ein heißes Wasser mit einem Schuss Orangensaft für den Geschmack. Das habe ich mir vor Jahren angewöhnt, um meinen Körper gleich am Morgen mit einem halben Liter Flüssigkeit zu versorgen. Wer einmal einen Nierenstein hatte, weiß, warum das so wichtig ist …

Damit schlüpfe ich zurück ins Bett. Dann notiere ich als erstes in mein Tagebuch, worauf ich mich für diesen Tag ausrichten möchte - mein Drehbuch für den Tag.

Anschließend ist meine Schreibroutine dran: Mindestens eine halbe Stunde schreibe ich an meinem aktuellen Projekt. Ja, das mache ich noch im Bett - ich liebe diese Zeit am frühen Morgen, wenn ich ganz allein mit meinen Gedanken bin und alles um mich herum noch ruhig ist. So ist übrigens auch dieses Buch entstanden: in 12 Wochen mit dieser morgendlichen Schreibroutine.

Danach ist der sportliche Teil des Tages dran: Ich streife meine Sportklamotten über und gehe entweder vor die Tür und laufe eine Runde. Oder ich absolviere meine 30 bis 45 Minuten Workout.

Zum Abschluss setze ich mich noch 20-30 Minuten hin und meditiere.

Wenn du mitgerechnet hast, dann siehst du, dass ich jeden Tag mindestens 90, eher 120 Minuten in mich investiere: in meine persönliche und berufliche Entwicklung und in meine Gesundheit.

Meine Freunde und Kunden wissen, dass sie mich vor 10 Uhr nicht anrufen sollen. Ich gehe erst danach ans Telefon. Sollte wirklich mal etwas ganz Dringendes anliegen, was unbedingt noch vor dieser Zeit erledigt werden muss, bin ich über Chat erreichbar.

Das passiert übrigens fast nie. Wenn du klar kommunizierst, dass der frühe Morgen deine „heilige Zeit" ist, wird das in der Regel klaglos akzeptiert.

Wie gesagt: Meine Morgenroutine muss nicht deine sein. Vielleicht hast du Familie, oder du bist angestellt, dann wird dein Leben anderen Regeln folgen.

Aber auch dann kannst du Zeitfenster in deinem Tagesablauf definieren, die dir gehören und die du für dich nutzt. Das ist deine Entscheidung.

Die fünf Minuten Zeit am Morgen - die solltest du aber in jedem Fall einbauen. Du wirst nach kurzer Zeit feststellen, dass dir das hilft, während des Tages fokussierter zu bleiben. Und das ist es wirklich wert.

To-Do-Listen

Auch wenn ich mich lange dagegen gesträubt habe: Seit vielen Jahren begleiten mich inzwischen meine To-Do-Listen. Sie helfen mir dabei, den Überblick zu behalten in meinem zuweilen stressigen Alltag.

Für mich funktionieren sie immer noch am besten handschriftlich. Es gibt aber inzwischen auch viele tolle Apps, die dich in deinem Tagesgeschäft unterstützen können. Da möchte ich dich einfach ermuntern, zu testen, was für dich am besten passt.

Der unschlagbare Vorteil von To-Do-Listen liegt aus meiner Sicht darin, dass ich Struktur in meinen Tag bekomme: Wenn ich mich an meinen Schreibtisch setze, sehe ich sofort, was heute ansteht.

Dabei unterstützt mich mein Kalender, den ich akribisch führe, weil ich sonst tatsächlich den Überblick verliere. Der elektronische Kalender mit seiner Erinnerungsfunktion ist für mich inzwischen unverzichtbar geworden.

Ich suche mir dann jeden Tag die eine Sache aus, die ich unbedingt erledigen will - egal, was Unvorhergesehenes passiert. Denn das weiß jeder, der sich schon mal mit Zeitmanagement befasst hat: Verplane nie mehr als 60% deiner Zeit!

Der Rest des Tages füllt sich nämlich ganz von alleine: mit Anrufen von Kunden, mit dem plötzlich kranken Kind, das aus der Schule nach Hause kommt, etc.

Deshalb ist es tatsächlich clever, gleich zu Beginn des Tages eine Entscheidung darüber zu treffen, was unbedingt erledigt werden muss - und damit dann auch zu starten.

Auf meiner Liste ergänze ich außerdem die Aufgaben, die im Laufe des Tages hinzukommen. Ich notiere mir dort alles, was mir noch einfällt, auch wenn ich gerade mitten in einem Arbeitsprozess stecke. Auf diese Weise sorge ich dafür, dass mich diese Angelegenheit innerlich nicht weiter beschäftigt, aber eben auch nicht in Vergessenheit gerät. Was ich nicht schaffe, bleibt dort bis zum nächsten Tag stehen.

Ich persönlich liebe außerdem das Gefühl, jede erledigte Aufgabe mit einem dicken farbigen Buntstift auszustreichen und noch einen fetten Haken dahinter zu setzen!

Diese Befriedigung kann mir eine elektronische App nicht geben, in der ich nur ein simples Häkchen setze. Ich bin allerdings auch ein eher haptisch ausgerichteter Mensch. Für dich mag sich das ganz anders anfühlen.

Also probiere aus, welche Methode dir am ehesten liegt, wenn du der Meinung bist, dass To-Do-Listen vielleicht auch für dich zu einer Erfolgsgewohnheit werden könnten.

Meine Unternehmerinnen-Zeit

Da ich mich als kreative Unternehmerin begreife, die sich auch unternehmerisch nach vorn bewegen will, blocke ich mir für die Arbeit an meinem Unternehmen jede Woche mindestens einen halben Tag. Das ist nämlich der entscheidende Unterschied zwischen „selbstständig“ und „Unternehmerin“ sein:

Ich arbeite daran, mein Unternehmen in einer Form zu organisieren, dass es mir systematisch mehr Umsatz bringt, ohne dass ich immer nur Zeit gegen Geld tausche.

Selbstständige verbringen hingegen typischerweise ihre gesamte Arbeitszeit damit, Kundenprojekte zu erledigen. Sie nehmen sich selbst und ihr Unternehmen stets weniger wichtig als ihre

Kunden. Der Fokus liegt praktisch ausschließlich auf dem Tagesgeschäft, während die Weiterentwicklung des eigenen Unternehmens auf der Agenda immer wieder nach unten rutscht.

Kein Wunder, dass man auf diese Weise dauerhaft im Status „selbst und ständig“ hängenbleibt.

In meiner Unternehmerinnen-Zeit beschäftige ich mich strategisch damit, in welche Richtung ich mich unternehmerisch entwickeln will. Ich arbeite neue Produktideen aus, überlege mir, wie ich meine Kunden noch besser erreichen und ansprechen kann, und setze diese Erkenntnisse auch Punkt für Punkt um.

Einmal pro Quartal schaue ich mir dann die Entwicklung insgesamt an, auch die Zahlen. Das gibt mir die Möglichkeit, korrigierend einzugreifen. Manche Ideen werden dann verworfen, statt weiter auf ihnen herumzureiten und Energie damit zu verschwenden. Andere baue ich weiter aus, weil sich eine positive Entwicklung zeigt.

Meine Unternehmerinnen-Zeit ist wahrscheinlich eine meiner sinnvollsten Erfolgsgewohnheiten. Falls du selbstständig bist, wird dir so ein selbst gesetzter Rahmen ein ganz neues Gefühl für dein Business geben. Du zeigst dir damit selbst, dass du dich als Unternehmer*in ernst nimmst und daran glaubst, dass du alles erreichen kannst, was du möchtest.

Chill mal! Pausen machen

Gerade diejenigen unter euch, die eher zum Prokrastinieren neigen, werden jetzt vielleicht erstmal aufhorchen. Ich denke bei diesem Punkt aber vor allem an die Leistungsbereiten, die gelernt haben, immer duchzupowern bis zur Erschöpfung.

Denn das ist keine Erfolgsgewohnheit! Ganz im Gegenteil: Wer sich ununterbrochen gnadenlos antreibt und zu Höchstleistungen anspornt, ist kein echter Meister, keine echte Meisterin des Lebens.

Wenn wir es uns nicht mehr gestatten, Pausen zu machen, weil wir der irrigen Annahme unterliegen, dass wir uns das nicht erlauben könnten, kann das auf Dauer eigentlich nur auf eine Art enden:

Wir landen in der totalen Erschöpfung, denn Geist und Körper brauchen Erholungszeiten, erst recht, wenn wir im kreativen Bereich tätig sind.

Diese totale Überforderung führt irgendwann zum Shutdown.

Wenn du dich bisher vielleicht eher zu den lässigen Gestalten gezählt hast, die genau deshalb nie etwas auf die Reihe bekamen:

Bitte falle jetzt nicht in das andere Extrem und versuche, dein Leben völlig umzukrempeln und am besten alles auf einmal umzustellen. Damit überforderst du dein armes Gehirn und dein ganzes System komplett.

Denke daran: Du übst. Du gehst jeden Tag auf die Trainingsmatte, ja. Aber gerade echte Meisterinnen und Meister wissen, dass Pausen nötig sind, um es zur wahren Meisterschaft zu bringen. Also ruhe dich zwischendurch mit gutem Gewissen aus!

Zu meinem Workflow gehören Pausen so selbstverständlich dazu, dass ich beinahe vergessen hätte, diese Erfolgsgewohnheit in meinen Katalog für dieses Buch aufzunehmen. Denn das ist mal eine Routine, die ich mir nicht mehr antrainieren musste.

Pausen zu machen habe ich tatsächlich schon vor sehr vielen Jahren gelernt. Da zeigte mir das Leben in Form einer

Erkrankung, dass ich gut auf mich aufpassen muss und die Dinge in meinem eigenen Tempo erledigen darf.

Wenn ich nicht gerade mitten im Flow bin und alles ganz leicht fließt, mache ich also inzwischen immer nach 90 bis 120 Minuten eine Pause bei dem, was ich gerade tue. Und meist nicht nur fünf Minuten, sondern eher zwanzig bis dreißig. In dieser Zeit hole ich mir etwas zu trinken, daddele ein bisschen auf meinem Handy, schau mich in den sozialen Netzwerken um, lese einige Seiten in einem Roman … oder ich gehe einfach kurz spazieren.

Danach geht es erfrischt und zügig weiter. Mein Kopf hatte Gelegenheit, sich auszuruhen und auf andere Gedanken zu kommen, und das zeigt sich in der Qualität meiner Arbeit.

Auch bei meinen Coachingsitzungen plane ich immer mindestens 30 Minuten Zeit zwischen den Sessions ein. Das brauche ich, um den Prozess der letzten Sitzung innerlich abzuschließen und mich mental und emotional auf die nächste Klientin, den nächsten Klienten einzustellen.

Nimm also Entspannungszeiten in deinen Katalog der Erfolgsgewohnheiten auf, falls du das noch nicht getan hast.

Übe auch diese Routine anfangs ganz bewusst: Stell dir den Timer auf deinem Handy und finde einen Punkt, an dem du deinen gegenwärtigen Workflow unterbrechen kannst. Steh auf, lass die Schultern ein wenig kreisen und bewege dich ein paar Schritte durch deine Wohnung oder geh vor die Tür. Lies ein paar Seiten in einem schönen Buch oder daddele ruhig mal ein bisschen „sinnlos" auf dem Handy herum.

Erinnere dich, was wir über die produktiven Aspekte des Aufschiebens gelernt haben – jetzt ist das ziellose und ganz zweckfreie Pausieren dran. Du darfst dich sogar langweilen in deiner Pause! Langeweile aktiviert dein Gehirn ebenfalls, darüber sind sich die Gehirnforscher inzwischen einig.

Nach diesem Einblick in meine persönlichen Erfolgsgewohnheiten verrate ich dir nun, wie es auch dir gelingen kann, dein Gehirn neu zu programmieren.

Denn genau darum geht es, wenn wir über Erfolgsgewohnheiten sprechen: Du unterstützt dein Gehirn dabei, neue Routinen zu etablieren, so dass sie irgendwann automatisch ablaufen.

Schritt für Schritt zu neuen Gewohnheiten

Als erstes brauchst du einen Plan! Das klingt vielleicht erst einmal unsexy, aber du weißt ja inzwischen, dass dein Gehirn etwas Zeit benötigt, um eine neue Routine zu erlernen. Dabei kannst du es am besten unterstützen, indem du über einen bestimmten Zeitraum stur einem Plan folgst. Denn dann „versteht" dein Gehirn am besten, dass hier etwas Neues eingeübt wird.

Da gerade wir Kreativen manchmal eine kleine Allergie gegen Pläne und Struktur haben, schlage ich dir als erste Strategie für deine neue Erfolgsgewohnheit einen kleinen inneren Trick vor.

Der Trick mit den 30 Tagen

Sich von lästigen und hinderlichen Gewohnheiten zu verabschieden, funktioniert sehr gut, wenn man daraus ein Spiel macht. Das gilt vor allem für viele kreative Menschen, die innere Widerstände spüren, wenn es um Vokabeln wie „Durchhalten" und „Disziplin" geht. Das Thema haben wir ja weiter oben bereits besprochen.

Da ich lange Zeit selbst keinen guten Zugang zum Dranbleiben hatte, verrate ich dir hier, wie du ganz einfach neue und hilfreiche Gewohnheiten in dein Leben integrieren kannst.

Abschied vom Autopiloten

Unser Autopilot ist ja ein ziemlich nützlicher Geselle: Er hilft uns, bestimmte Tätigkeiten quasi automatisch zu erledigen, ohne groß darüber nachzudenken: Zähne putzen am Abend zum Beispiel, jeden Morgen Kaffee kochen, usw.

Leider funktioniert das aber auch bei Gewohnheiten, die uns nicht so guttun. Wenn wir z. B. jeden Tag eine Tafel Schokolade essen, nie unsere Ablage erledigen, Putzen immer auf später verschieben etc. - dann wären wir dieses Verhalten manchmal sehr gerne los, aber wenn wir nur daran denken, was alles dafür erforderlich wäre, werden wir schon wieder ganz mutlos.

Also lassen wir es lieber sein und verharren beim schädlichen Verhalten, wider besseres Wissen und daher meist auch noch mit schlechtem Gewissen.

Tatsächlich ist diese „Schwellenangst" ganz normal. Die angestrebte Veränderung ist irgendwie noch so unkonkret und so anders als das Gewohnte, dass wir sie uns manchmal gar nicht richtig vorstellen können. Wir fürchten die Anstrengung, die damit verbunden ist, und wir haben heftige Zweifel, ob wir das schaffen können, weil wir doch eigentlich so undiszipliniert, faul etc. sind.

Jetzt kommt der Trick: Wir schalten einfach eine 30-tägige Testphase vor!

So als würden wir ein neues Produkt ausprobieren, das wir bei Nichtgefallen nach 30 Tagen zurückgeben dürften. Wir verpflichten uns nur auf 30 Tage und können dann ohne Angabe von
Gründen kündigen.

Damit haben wir nichts zu verlieren. Wir testen die neue Gewohnheit einfach aus und wir behalten sie nur dann, wenn sie uns nach 30 Tagen wirklich gefällt. Das ist doch ein fairer Deal, oder?

Die 3-Phasen-Mechanik

Nun sind wir also hochmotiviert und legen los. Am ersten Tag ist alles noch prima, am zweiten Tag ist es etwas schwieriger, aber wir sind noch immer entschlossen.

In den nächsten Tagen wird es wahrscheinlich immer etwas mühsamer, die neue Gewohnheit durchzuhalten. Das ist normal, denn die Macht der Gewohnheit schlägt noch auf der Seite des alten,
störenden Verhaltens aus.

Wir brauchen zu Anfang deutlich mehr Energie, uns daraus zu lösen. Das ist wie bei einem Katapult: Da muss man auch erst mal sehr viel Energie aufwenden, um es zu spannen. Aber dann zischt das Geschoss plötzlich los und nimmt diese ganze Energie mit!

Diese erste Phase dauert meist um die 10 Tage, also stell dich am besten schon einmal darauf ein. Dann weißt du nämlich, dass das ganz normal ist und kannst die Zähne zwischendurch zusammenbeißen. Danach dauert der Test dann nur noch 20 Tage, und die überstehst du dann auch noch - und zwar viel lockerer, das ist das Schöne daran.

Zwar meldet sich in der zweiten Phase, die auch ungefähr noch mal 10 Tage dauert, häufig der innere Schweinehund mit besonderer Penetranz und fragt leise säuselnd, ob das Ganze wirklich Sinn macht, oder ob man sich nicht mal einen Tag Pause gönnen kann.

Das ist noch immer der Autopilot, der dich in das alte Verhalten zurückholen will. Gib ihm keine Chance! Du hast es nämlich schon fast geschafft. Mach dich einfach darauf gefasst, dass sich diese
Widerstände melden, dann haben sie schon nur noch halb so viel Macht über dich.

Vielleicht kannst du sie sogar auslachen und ihnen eine lange Nase drehen!

Denn ungefähr ab Tag 21 passiert das Wunder: Ganz allmählich wird das neue Verhalten zur neuen Gewohnheit. Der Widerstand nimmt deutlich ab, wir müssen uns nicht mehr so anstrengen, um täglich das neue Verhalten zu üben.

Am Ende deiner Testphase hast du nun die Wahl: aufhören oder weitermachen?

Das Spannende ist: Jetzt weißt du ja, wie sich das neue Verhalten anfühlt, und du bist schon ziemlich weit damit, die neue Gewohnheit zu etablieren. Willst du jetzt wirklich wieder zurück auf den Stand davor? Du hast ja tatsächlich mit der alten Gewohnheit
gebrochen und dich aus dieser Abhängigkeit befreit.

Das ist einfach ein gehirnphysiologischer Prozess: Es braucht so lange, bis in unserem Gehirn die neuen synaptischen Verbindungen quasi breitgetreten genug sind, damit dort die Nervenimpulse der neuen Gewohnheit störungsfrei und automatisch ablaufen können.

Außerdem hast du dir selbst ein wunderbares Erfolgserlebnis geschenkt, weil du 30 Tage durchgehalten hast. Das ist enorm gut fürs Selbstbewusstsein, wie ich dir aus meiner eigenen Praxis bestätigen kann.

Und du hast nach deiner 30-tägigen Testphase auch schon erste Ergebnisse erzielt: Vielleicht bist du fitter geworden, oder deine Ablage ist ordentlicher, oder ... Auf jeden Fall kannst du jetzt besser abschätzen, was sich langfristig noch verändern ließe, wenn du die neue Gewohnheit beibehalten würdest.

Wahrscheinlich wird die Entscheidung also gar nicht mehr so schwierig sein. Du hast dein Unterbewusstes liebevoll ausgetrickst und ganz spielerisch eine neue Gewohnheit etabliert. Probiere es aus, es funktioniert!

Trick 17 mit Selbstüberlistung

Der 30-Tage-Zeitraum ist übrigens aus einem weiteren Grund sehr wichtig, um neue Gewohnheiten zu etablieren: So lange benötigt unser Gehirn nämlich mindestens, um zu verstehen, dass da ein neuer Autopilot etabliert wird.

Ich stelle mir das gerne so vor, als müsste ich mir zu Beginn quasi mit einer Machete einen neuen Pfad da oben in meinem Synapsen-Urwald bahnen. Am ersten Tag ist das noch mühsam, aber ich bin ja hochmotiviert und schwinge meine Machete mit Verve.

Am zweiten Tag ist es immer noch anstrengend, aber ich bleibe dran! Nach ein paar Tagen habe ich bereits einen kleinen Trampelpfad da oben, nach zwei Wochen können zwei Leute bequem
nebeneinander herlaufen.

Und nach 30 Tagen habe ich eine kleine asphaltierte Straße gebaut.

Im gleichen Maße, wie ich die neue Straße - also Synapsenverbindung - baue, erobert der Urwald die vierspurige Autobahn der alten Gewohnheit zurück: Sie wird nicht mehr so häufig befahren und gepflegt, und daher wächst sie langsam wieder zu.

Entscheidend dabei ist, dass du deinem Gehirn jeden Tag ein entsprechendes Signal gibst, damit es wirklich versteht, dass hier Bauarbeiten im Gange sind. Wenn du also eine ganz neue Gewohnheit in dein Leben integrieren möchtest, tust du gut daran, wirklich jeden Tag etwas dafür zu tun.

An der Stelle taucht dann oft die Frage auf, wie das funktionieren soll, wenn du beispielsweise öfter Sport treiben willst, aber vielleicht nicht unbedingt täglich.

Damit der 30-tägige Zeitraum trotzdem eingehalten wird, solltest du dann wenigstens eine Sache tun, die dich mit diesem sportlichen Ziel in Verbindung bringt:

- Roll deine Yogamatte aus.
- Zieh deine Joggingschuhe an.
- Leg deinen Lieblings-Powersong auf.

Ja, vielleicht kommst du dir dabei zunächst ein bisschen albern vor. Aber denk daran: Du hilfst damit deinem Gehirn zu verstehen, dass du es wirklich ernst meinst. Du stärkst deine Willenskraft. Du verbindest dich auf einer tieferen Ebene mit deinem Vorhaben. Und du ermöglichst deinen Synapsen, sich neu zu verdrahten.

Um dich dabei noch weiter zu unterstützen, schlage ich dir vor, ein spielerisches Element hinzuzufügen – das ist der Trick 17!

Besonders gut funktioniert für mich, mir auf den Nachttisch zwei Gläser zu stellen. Eins ist zu Beginn leer, im anderen befinden sich 30 1-Euro-Münzen. Nun befördere ich jeden Abend, wenn ich meine neue Gewohnheit praktiziert habe, eine Münze vom einen in das andere Glas. Nach 30 Tagen sind alle Münzen in das zweite

Glas gewandert, und ich darf mir für die 30 Euro etwas Nettes gönnen.

Es gibt allerdings eine Schikane bei diesem Vorgehen: Wenn ich einen Tag aussetze, muss ich das Glas mit den bis dahin gesammelten Münzen wieder ins erste Glas umfüllen und von vorne beginnen!

Ich finde es immer wieder faszinierend, wie fantastisch dieser kleine Trick funktioniert. Damit wird unser Belohnungssystem aktiviert, denn es gibt dir einfach ein gutes Gefühl, am Abend diese eine Münze in das andere Glas zu befördern.

Auch dein sportlicher Ehrgeiz wird geweckt: Du willst die Kette nicht abreißen lassen.

Und es ist natürlich ein saublödes Gefühl, wenn du das Glas wieder leeren musst, weil du einen einzigen Tag nicht aufgepasst hast.

Klar, du kannst dich selbst bescheißen. Aber das hat sich doch auf lange Sicht noch nie bewährt, wenn du mal ganz ehrlich bist …

Natürlich gibt es auch andere Möglichkeiten, wie du dich täglich daran erinnern kannst, was deine Absicht ist:

Manche Menschen streichen jeden Tag im Kalender mit einem dicken roten Kreuz durch. Das kann auch sehr befriedigend sein. Ich habe eine Zeitlang farbige Klebepunkte in mein Tagebuch geklebt, und das hat tatsächlich auch funktioniert.

Als ich vor Jahren von diesem Mechanismus erfahren habe, nahm ich an einem Experiment mit einem Armband aus Gummi teil. Jeden Abend zog man dabei ein neues Schmuckelement auf das Armband. Nach einer Woche haben wir die bisher gesammelten 6 Perlen durch ein größeres Schmuckelement ersetzt und in der zweiten Woche wieder die kleineren Perlen für jeden Tag aufgezogen. Die gleiche Prozedur in der dritten und vierten Woche, so dass man nach 28 Tagen vier größere Elemente auf dem Armband hatte und genau sehen konnte, dass man wirklich so lange durchgehalten hatte.

Das hatte den zusätzlichen Vorteil, dass du das Armband jeden Tag ständig im Blick hattest. Du konntest also den Kontakt zu deiner Absicht kaum verlieren. Damit konnten wir unser Gehirn beim Lernen der neuen Gewohnheit wirklich super unterstützen.

Ich glaube, es ist im Grunde ganz egal, wie du dir diesen kleinen Belohnungskick gibst, dein Gehirn reagiert einfach darauf. Probiere es einfach aus!

Apropos Belohnung: Dazu habe ich noch eine Idee.

Die Sandwich-Methode

Du hast ja bereits erfahren, wieso es so wichtig ist, wenn du dir sehr bewusst machst, wofür du dir eine neue Gewohnheit aneignen möchtest.

Denn dein Vorhaben sollte für dich wirklich attraktiv sein, sonst klappt es nicht. Oder du musst wirklich unverhältnismäßig viel Energie oder Willenskraft aufbringen, um so eine Gewohnheit zu etablieren.

Ich empfehle dir also dringend, diese Klarheit für dich zu finden, weil es dir das Leben mit deiner neuen Gewohnheit so viel leichter machen wird. Wenn du dich immer wieder neu mit deinem Wofür verbindest, stärkt das deine Motivation ungemein. Eine Freundin erzählte mir, dass ihr das am meisten geholfen hat, als sie ihre Ernährung umstellte: Sie machte sich immer wieder klar, wie sehr sie ihre Knochen entlasten würde durch den Gewichtsverlust und damit das Rheuma in Schach halten könnte. Heute wiegt sie tatsächlich 15 Kilogramm weniger und hält ihr Gewicht entspannt und leicht.

Dieser Antrieb ist sozusagen der Boden deines Sandwichs: deine tiefste Motivation, warum du eine bestimmte Gewohnheit erlernen willst.

Der leckere Inhalt des Sandwichs ist deine neue Gewohnheit, also das tatsächliche Tun.

Verbinde dich nun jedes Mal, bevor du dich deiner neuen Gewohnheit widmest, mit deiner inneren Motivation. Nimm dir einen
Augenblick Zeit und denke daran, warum du das tust.

Dann übst du deine neue Gewohnheit.

Und um das Sandwich zuletzt mit einem Deckel zu versehen, machst du hinterher noch Folgendes:

Freu dich! Und zwar so, dass du es wirklich spürst. Vielleicht ballst du die Faust und rufst „Tschakka!" Vielleicht neigst du auch nur kurz den Kopf und bedankst dich bei dir. Du findest bestimmt eine ganz persönliche Art, dich zu freuen, dass du es heute wieder
geschafft hast.

Warum du das tun solltest? Nun, so verknüpfst du deine neue Gewohnheit mit positiven Assoziationen. Gerade nach den ersten 14 Tagen, wenn wir versuchen, eine neue Gewohnheit zu etablieren, fallen wir immer wieder in Löcher, zweifeln an unserem Durchhaltevermögen usw. Ist ja auch logisch, wir haben noch kaum positive Referenzerfahrungen. Wir wissen eigentlich nur, dass wir wegwollen von der alten, der schlechten Gewohnheit.

Aber wir brauchen positive Bestätigungen. So funktionieren wir Menschen nun mal.

Du verpackst also deine neue Gewohnheit in ein leckeres Sandwich: unten dein tiefster Antrieb, deine innere Motivation. Und obendrauf deine Freude, wenn du es wieder geschafft hast.

Auf diese Weise gelingt es dir ganz sicher, nach und nach immer mehr tolle neue Gewohnheiten in dein Leben zu integrieren. Ganz leicht und mühelos.

Gewohnheiten koppeln

Wenn ich dir einen wichtigen Tipp geben dürfte, wenn es um neue Gewohnheiten geht, dann diesen:

Unterschätze niemals den Autopiloten!

Denn sobald du die Kette der neuen Gewohnheit unterbrichst, sitzt dieser Geselle wieder am Steuer. Du vergisst einfach, was du dir vorgenommen hattest, und der alte Schlendrian setzt sich wieder durch.

Wie bereits erklärt: Das hat nichts damit zu tun, dass du etwa zu wenig Willensstärke hättest oder „schwach" seist.

Sondern das ist einfach der energiesparende Versuch deines Gehirns, wieder ein Gleichgewicht im System zu erzeugen.

Um diesen Effekt auszuhebeln, hat sich ein zusätzlicher kleiner Trick bewährt:

Koppele deine neue Gewohnheit einfach an eine bereits bestehende!

Schreib dir also zum Beispiel einmal ganz genau auf, wie du in deinen Tag startest:

- Der Wecker klingelt, du stehst auf.
- Dein erster Weg führt dich zur Toilette, dann ins Badezimmer und du putzt dir die Zähne.
- Du gehst in die Küche und setzt den Kaffee auf.
- Während du darauf wartest, wirfst du auf deinem Handy schon mal einen Blick auf deine E-Mails.
- ...

Nehmen wir einmal an, du willst jeden Tag ein paar Yoga-Übungen in deinen Tagesablauf integrieren. An welcher Stelle kannst du das Ausrollen der Yogamatte mit deinem gewohnten Ablauf koppeln?

Eine Idee wäre, dir ein „Y" auf den Spiegel im Badezimmer zu malen. Das erinnert dich daran, nach dem Zähneputzen zur Yogamatte zu gehen statt in die Küche. Irgendwann wird sich Zähneputzen ganz automatisch mit Yoga verknüpfen - wenn du die
anderen Tipps aus diesem Buch beherzigst.

Möchtest du deine Yogaroutine lieber am Abend integrieren, schaust du dir entsprechend deine Abläufe ab 18 Uhr an. Bestimmt findest du eine andere Möglichkeit, wie du das Yoga an eine be-stehende Gewohnheit koppeln kannst.

Der Trick an diesem Vorgehen besteht darin, dass eben zum Beispiel das Zähneputzen schon so automatisch abläuft, dass es für das Gehirn wenig zusätzlichen Energieaufwand bedeutet, diese Gewohnheit quasi zu ergänzen. Statt also einen ganz neuen Ablauf verarbeiten zu müssen, erlaubst du deinem Gehirn einfach „Zähneputzen plus". Damit senkst du den Widerstand und gibst dem Schweinehund, der ja auch noch auf der Lauer liegt, keine Chance.

Klingt easy? Ist es auch!

Und ich finde, alle Tricks sind erlaubt, wenn es darum geht, dir ein Verhalten anzugewöhnen, das dein Leben besser macht. Schließlich geht es hier ja um dich! Du wählst dieses neue Verhalten ganz bewusst und nicht, um jemand anders zu gefallen.

Mit Ankern arbeiten

Wahrscheinlich hast du einen oder gleich mehrere Lieblingssongs: Immer, wenn du dieses eine besondere Stück hörst, steigt ein bestimmtes Gefühl in dir auf: Vielleicht ist es „unser Lied", das dich sofort an deinen Lieblingsmenschen erinnert, und du fühlst die Verbundenheit und Liebe zu dieser Person.

Oder in dir wird sofort wieder die Erinnerung an einen Moment wach, der dir viel bedeutet hat, mit allen Gefühlen, die damit zusammenhängen. So eine Verbindung zwischen einen äußeren Reiz - dem Song - und einem Gefühl nennt man Anker. Ein Anker schafft eine unmittelbare Brücke zwischen Reiz und Reaktion.

Auch Schmuck- oder Kleidungsstücke können solche Anker sein. Deine Sportklamotten oder Joggingschuhe rufen allein beim Anblick bestimmte Gefühle wach - achte einmal darauf!

Vielleicht trägst du ein Schmuckstück, das du geerbt oder geschenkt bekommen hast: Auch damit verbinden sich bestimmte Gefühle.

Manche Orte haben ebenfalls diese magische Qualität, sofort ein Gefühl in dir zu erzeugen, das sich damit verbindet. Damit meine ich nicht nur Urlaubsorte, sondern auch bestimmte Plätze in deiner Wohnung: Dein Bett ruft wahrscheinlich positive Gefühle von
Geborgenheit und Sicherheit in dir wach.

Dein Lieblingssessel oder das Sofa sind innerlich vermutlich verknüpft mit dem Gefühl von Entspannung, während dein Schreibtisch dich eher an die Arbeit und die damit verbundenen Gefühle erinnert.

Ich kenne tatsächlich eine Person, die vier verschiedene Schreibtische beziehungsweise Arbeitsplätze in ihrer Wohnung hat, und jedem davon ist eine andere Tätigkeit und damit ein anderes Gefühl zugeordnet: An einem Schreibtisch erledigt sie nur die Buchhaltung, an einem anderen lernt sie bestimmte Dinge, die sie für ihren Beruf benötigt. Der dritte Arbeitsplatz ist kreativen Tätigkeiten vorbehalten, und am vierten erledigt sie ausschließlich
private Recherchen und Aktivitäten.

Diesen Zusammenhang zwischen äußerem Reiz und innerer Reaktion können wir uns auch beim Thema Gewohnheiten zunutze machen. Die folgende Übung unterstützt dich dabei:

1. Überlege dir, welchen Gegenstand oder welchen Platz in deiner Wohnung du gerne mit einem positiven Gefühl aufladen möchtest, das du mit der neuen Gewohnheit verknüpfst.
2. Welches Gefühl oder welche Gefühle möchtest du fühlen, wenn du dich an diesem Platz befindest oder den Gegenstand siehst oder anfasst? Benenne dieses Gefühl ganz klar: Souveränität vielleicht? Klarheit? Entschlossenheit?
3. Jetzt erinnere dich an eine konkrete Situation in deinem Leben, in der du exakt dieses Gefühl bereits sehr deutlich gespürt hast. Es ist egal, wie lange das her ist, aber du solltest in der Lage sein, das Gefühl möglichst intensiv in dir abzurufen.
4. Denke daran zurück, wie das war: Was hast du gesehen? Was hast du gehört? Was hast du gespürt, vielleicht

geschmeckt oder gerochen? Schließe die Augen und rufe dir all diese Sinneswahrnehmungen noch einmal ins Gedächtnis.

5. Du wirst merken, wie sich das Gefühl immer stärker in dir manifestiert, während deine Erinnerung einsetzt. Unser Gehirn unterscheidet nicht zwischen Vergangenheit und Gegenwart. Während du dich erinnerst, spürst du dieselben Gefühle wie in der vergangenen Situation.
6. Wenn das Gefühl für dich wieder ganz wach ist und du richtig darin abtauchen kannst, nimm den gewählten Gegenstand in die Hand oder begib dich genau an den Ort, den du mit diesem Gefühl quasi „aufladen“ willst. Fühl dieses Gefühl noch einen Augenblick länger mit der höchstmöglichen Intensität.
7. Dann verlass den Ort beziehungsweise lege den Gegenstand wieder aus der Hand. Mache jetzt kurz etwas ganz anderes, das gar nichts mit der neuen Gewohnheit oder dem Gefühl zu tun hat. Spül ein Glas, erinnere dich daran, was du heute Morgen gefrühstückt hast oder schau aus dem Fenster und konzentriere dich kurz auf das erste, was du siehst.
8. Jetzt nimm den Gegenstand wieder zur Hand oder tritt wieder an den besonderen Platz. Achte darauf, welches Gefühl sich meldet.
9. Wenn du sofort wieder das geankerte Gefühl abrufen kannst: Wunderbar! Dann ist es dir schon im ersten Anlauf gelungen, die Verknüpfung herzustellen. Sollte sich das erwünschte Gefühl nicht einstellen: kein Problem.
10. Du durchläufst den Ablauf ab Schritt 3 einfach noch einmal. Es ist sehr wichtig, dass du das damalige Gefühl wirklich ganz tief fühlen kannst. Wenn die ursprünglich gewählte Situation doch nicht so gut funktioniert, suche

dir eine
andere aus und probiere es damit.

11. Wenn du schließlich deinen Anker erfolgreich gesetzt hast, rufe ihn heute noch einige Male ganz gezielt auf. Damit
unterstützt du dein System dabei, diese Verbindung zu festigen.
12. Wenn du nun deine neue Gewohnheit ausübst, suche gezielt den Ort auf oder nimm den Gegenstand in die Hand, an den du dieses hilfreiche Gefühl geankert hast. Du wirst feststellen, dass dich das enorm unterstützen kann.
13. Wenn du willst, kannst du diesen Gegenstand oder Platz sogar mit mehreren Gefühlen „aufladen", sie sozusagen stapeln. So kannst du selbst dafür sorgen, ein kraftvolles Symbol für deine neue Gewohnheit zu schaffen.

Ich schlage vor, du probierst das gleich mal aus. Also: jetzt!

Viele Inspirationen verhallen ungehört, weil wir sie nicht sofort in die Tat umsetzen - glaub mir, ich weiß, wovon ich spreche!

Aber die Lektüre von so schlauen Büchern wie diesem hier allein werden dein Leben nicht verändern. Das passiert nur, wenn du selbst aktiv wirst. Sei es dir wert und trau dich, probiere es aus, du kannst nur gewinnen.

Mikrogewohnheiten und Trippelschrittchen

Einer der häufigsten Gründe, warum wir damit scheitern, uns eine neue Gewohnheit anzueignen, ist schlicht, dass wir uns viel zu viel vornehmen.

Wenn du bisher schon große Schwierigkeiten hattest, dich um 7 Uhr aus dem Bett zu quälen, dann ist es relativ unwahrscheinlich, dass es dir sofort gelingen wird, deinen Tagesablauf am Morgen radikal zu ändern. Solltest du dir also vorgenommen haben, ab sofort um 6 Uhr aufzustehen, eine halbe Stunde Yoga zu üben und dann noch zu meditieren, garantiere ich dir, dass du das nicht lange durchhalten wirst.

Das liegt an dem bereits beschriebenen Homöostase-Effekt: Dein System mag keine großen Veränderungen und wird alles tun, dich so schnell wie möglich wieder auf das gewohnte Normal-Null-
Level zu bringen.

Was passiert also sehr wahrscheinlich? Nach den ersten drei, vier Tagen kommt garantiert der Morgen, an dem du eine Ausrede findest und doch liegenbleibst:

Gestern war es wirklich so spät … morgen wieder … nur noch einmal den Wecker auf Snooze schalten …

Kennst du bestimmt, oder? So schnell kannst du gar nicht gucken, wie du zur alten Gewohnheit zurückkehrst. Das ist die Macht des Autopiloten.

Deshalb ist es eine wirklich gute Idee, schrittweise vorzugehen – und zwar in ganz winzigen Schrittchen. Trippelweise sozusagen.

Fang damit an, erst mal 5 Minuten früher aufzustehen. Zieh das eine Woche durch. In der zweiten Woche steh 10 Minuten früher auf und rolle die Yogamatte aus. In der dritten Woche stellst du den Wecker eine Viertelstunde früher und setzt dich 5 Minuten auf die Yogamatte

Ich glaube, das Prinzip wird deutlich.

Das mag dir anfangs seltsam vorkommen, aber so bahnst du der neuen Gewohnheit ganz allmählich und sehr behutsam einen neuen Pfad. Denk an die Machete im Dschungel! Dieses Vorgehen ist tatsächlich der mächtigste Trick, um neue Gewohnheiten dauerhaft in deinem System zu verankern.

Zerlege den Weg zu deiner neuen Gewohnheit also in ganz kleine, aber dafür machbare Schritte - je kleiner, umso besser. Starte mit Mikrogewohnheiten.

Denn auf diese Weise senkst du deine Hemmschwelle. Fünf Minuten früher aufzustehen, fühlt sich machbarer an als eine Stunde, richtig? 50 Wörter am Tag zu schreiben für dein geplantes Buch kriegst du auch an schwierigen Tagen hin.

Eine halbe Stunde Schreibzeit ist hingegen echt lang, wenn du noch nie so eine Routine hattest.

Überprüfe nochmals deine Motivation. Hast du dir bewusst gemacht, wofür du diese neue Gewohnheit in dein Leben bringen willst? Nur wenn die Antwort darauf ein klares Ja ist, kannst du damit beginnen, dir einen Plan zu erstellen, wie du sie mit winzig kleinen Trippelschrittchen in dein Leben bringen wirst.

Achte sehr gezielt darauf, dass deine Mikrogewohnheiten wirklich so klein sind, dass du die Veränderung anfangs kaum spürst. Du solltest sie innerhalb von maximal 5 Minuten erledigen können, ohne große Vorbereitungen dafür treffen zu müssen.

Denn genau das ist der Trick: Damit vermeidest du den Veränderungswiderstand in deinem System. Der innere Schweinehund bekommt fast gar nicht mit, dass sich etwas tut bei dir, und er wird sich daher auch gar nicht zur Wehr setzen.

Verknüpfe die Mikrogewohnheiten mit Trick 17, indem du eine Kette von Handlungen erzeugst, die mindestens 30 Tage ununterbrochen anhält. Damit unterstützt du dein Gehirn noch weiter, denn du schaffst dir jeden Tag ein kleines Erfolgserlebnis: wieder geschafft!

Meine Morgenroutine, die ich dir an anderer Stelle in diesem Buch geschildert habe, ist über die Jahre ganz allmählich gewachsen. Hätte ich vor 10 Jahren beschlossen, ab morgen die komplette
Routine durchzuführen, hätte ich ganz sicher nach spätestens drei Tagen kapituliert. Und mich wieder mal selbst davon überzeugt, dass andere das ja vielleicht hinkriegen, aber ich ganz sicher nicht. Weil ich einfach nicht diszipliniert genug bin.

Auch wenn du ehrgeizig bist und am liebsten alles sofort ändern würdest: Gib dir und deinem System die Chance, sich langsam an die veränderten Bedingungen zu gewöhnen. Damit wirst du auf lange Sicht alles verändern können.

Und damit das auch wirklich klappt, kommen wir jetzt zum praktischen Teil.

Der 35-Tage-Plan: Wie du garantiert dranbleibst

Nun hast du viel darüber erfahren, was du alles tun kannst, damit neue Gewohnheiten in dein Leben treten - und vor allem auch dort bleiben.

Manchmal führt so eine Fülle an Informationen aber dazu, dass nicht mehr so ganz klar ist, welchen Schritten man eigentlich folgen sollte.

Deshalb schlage ich dir hier einen Ablaufplan vor, den du ganz einfach umsetzen kannst - ein kleiner Impuls nach dem anderen.

In 35 Tagen lernst du eine Strategie kennen, mit der du in Zukunft jede Gewohnheit in dein Leben bringen kannst, die dir wichtig ist für deinen ganz persönlichen Erfolg.

Ob du mehr Sport treiben oder organisierter werden möchtest, ob du früher aufstehen und meditieren oder weniger daddeln willst: All das und noch viel mehr ist möglich, wenn du diesen Schritten folgst.

Und ich verspreche dir, dass wir dabei so behutsam vorgehen werden, dass dein innerer Schweinehund fast gar nicht merkt, wie wir dein Leben ganz allmählich umkrempeln und positiv verändern werden!

Jeden Tag folgst du einfach den Anregungen und Impulsen, die ich für dich vorbereitet habe. Du musst nicht darüber nachdenken, was denn jetzt dran ist. Ich habe den ganzen Ablauf so für dich heruntergebrochen, dass du wirklich nichts verkehrt machen kannst.

Und natürlich ist damit auch Schluss mit den Ausreden, denn diese kleinen Impulse kann wirklich jeder nachvollziehen. Länger als maximal 20 Minuten pro Tag musst du für keinen dieser Schritte investieren. Diese Zeit hast auch du - wenn du wirklich, wirklich (!) dein Leben langfristig verändern möchtest.

Wir beginnen in der ersten Woche mit Vorbereitungen, die dich ganz allmählich einstimmen auf das neue Vorhaben. Denn damit erhöhst du deine Chancen auf einen erfolgreichen Abschluss deiner Ziele enorm.

Erst ab Woche zwei startest du dann wirklich - ganz sanft und ohne Druck. Du machst dein Gehirn zum Verbündeten, statt gegen den Autopiloten zu kämpfen.

Jeden Tag erwartet dich ein kleiner, aber wichtiger Impuls, den du nutzen kannst, um es dir noch einfacher zu machen, wirklich dranzubleiben.

Setze dir also einen Startpunkt, und wir legen los mit den 35 Tagen, die dein Leben für immer verändern werden.

Ok, bist du bereit? Auf geht's!

Tag 1: Triff eine Entscheidung.

Deine erste Aufgabe ist ganz einfach: Mache eine Liste der Gewohnheiten, die du dir gerne aneignen würdest. Wenn alles möglich wäre, was für ein Mensch wärst du gerne? Was würdest du gerne noch besser können? Welche Routinen würden dir helfen, ein erfüllteres Leben zu leben?

Vielleicht kommt dir deine Liste ziemlich lang vor, aber lass dich nicht entmutigen! Denn alles, was da jetzt draufsteht, kannst du wirklich umsetzen. Es wird halt ein Weilchen dauern, aber die gute Nachricht ist: Du fängst heute damit an!

Wähle jetzt eine Gewohnheit aus, mit der du beginnen möchtest. Manchmal setzt diese erste Gewohnheit tatsächlich eine Kaskade in Gang, und die nächsten Gewohnheiten folgen sozusagen ganz automatisch. Wie bei diesen Dominosteinen: Du wirfst den ersten um, und der löst dann eine Kette von weiteren Ereignissen aus, die ganz logisch und unaufhaltsam aufeinander folgen.

Nimm dir also Zeit und frage dich, welche der Gewohnheiten auf deiner Liste könnte wahrscheinlich den größten Impact haben?

Das ist alles für heute. Morgen geht es weiter.

Tag 2: Formuliere ein glasklares Ziel und verpflichte dich selbst

Im Kapitel „Zeit für deinen Kurswechsel" hast du erfahren, wie du ein Ziel so formulierst, dass es sehr konkret und sinnlich erfahrbar ist. Schon durch diese Übung machst du deinem Unterbewusstsein klar, dass du es diesmal wirklich ernst meinst.

Notiere also dein Ziel nach den SMART-Kriterien und achte besonders darauf, dass du aktiv und im Präsens formulierst, als ob du dein Ziel tatsächlich bereits erreicht hättest. Setze dann den Vertrag mit dir selbst auf, unterschreibe ihn und hänge ihn gut sichtbar auf, sodass du dich jeden Tag daran erinnerst.

Wie fühlt sich das an? Ich hoffe, es stellt sich ein kleines Gefühl von Aufregung oder sogar Nervosität ein ... Das ist wunderbar! Denn daran spürst du, dass du heute die Weichen gestellt hast für eine ganz neue Zukunft.

Tag 3: Mach dir deinen tiefsten Antrieb bewusst

Du hast dich für die erste Gewohnheit entschieden, die ab sofort in dein Leben treten soll, und dein Ziel glasklar formuliert. Herzlichen Glückwunsch!

Heute schürfst du nach deiner tiefsten Motivation dafür.

Frage dich, was genau sich für dich ändern wird, wenn du diese eine Gewohnheit erfolgreich in deinem Leben etablierst. Finde diesen tiefen Grund.

Das genaue Vorgehen habe ich im Kapitel „Die geheime Zutat" beschrieben.

Dieser Schritt ist absolut notwendig und die wichtigste Voraussetzung dafür, dass es klappt mit der neuen Gewohnheit.

Ich empfehle dir sehr, heute zusätzlich die Zeitreise zu deinem zukünftigen Ich durchzuführen. Das ist eine wunderbare Übung, die dich in Kontakt mit deinen wahren Potenzialen bringt und dir zeigt, wohin die Reise für dich gehen kann.

Und schon bist du wieder einen wichtigen Schritt weiter auf deiner Reise.

Tag 4: Suche dir Verbündete und Zeugen

Heute wagst du den Schritt nach draußen: Du kommunizierst deine Absicht an mindestens drei wichtige Menschen.

Aber Achtung: Wähle diese Personen mit Bedacht! Es sollten ausschließlich Menschen sein, die wirklich bereit sind, dich zu unterstützen und dich nicht mit blöden Sprüchen demotivieren.

Erkläre diesen Menschen, was du genau vorhast. Erzähle ihnen, dass du einem bestimmten Plan folgst und innerhalb von 35 Tagen etwas für dich sehr Wichtiges in deinem Leben verändern willst.

Bitte sie um ihre ganz konkrete Unterstützung, indem sie dich zum Beispiel alle zwei Tage fragen, ob du noch dran bist. Indem sie dir gratulieren, wenn du eine Woche geschafft hast. Indem sie einfach alles tun, damit du das Gefühl hast, nicht alleine zu sein bei deinem Vorhaben. Triff also konkrete Vereinbarungen mit ihnen und sage ihnen, was genau du dir von ihnen in dieser Zeit wünschst.

Am allerbesten ist es, wenn du Gleichgesinnte ausfindig machst, die bereit sind, diese ganz bestimmte Gewohnheit gleichzeitig mit dir einzuüben.

Aber mache das nicht zum Kriterium dafür, ob du es angehst oder nicht. Du bist ganz allein dafür verantwortlich, dein Leben zu
gestalten. Hör auf damit, die Verantwortung auf andere zu schieben. Nur weil andere ihr Leben nicht verändern wollen, ist das kein Grund, dass du es nicht schaffen kannst.

Tag 5: Finde Bilder und Emotionen

Rationale Gründe, damit wir bestimmte Erfolgsgewohnheiten in unser Leben bringen, gibt es jede Menge. Aber wenn es so einfach wäre, uns mittels Vernunft dazu zu bringen, unser Verhalten zu ändern, wären wir alle schon längst tiefenentspannt und unfassbar produktiv.

Dass diese Herangehensweise nicht funktioniert, sehen wir jedes Jahr bei den gescheiterten Neujahrsvorsätzen.

Aber du machst es besser! Bei deiner Zeitreise hast du wahrscheinlich bereits einige Bilder von dir in der Zukunft empfangen. Wie siehst du aus, und wie deine Umgebung, wenn es dir gelungen ist, dein Verhalten tatsächlich zu ändern?

Wähle drei dieser Bilder aus, die für dich eine besondere Bedeutung haben. Falls du während der Zeitreise keine Bilder oder Vorstellungen empfangen hast, ist das nicht schlimm. Nicht jedem gelingt das, wir sind alle anders gestrickt. Kreiere dir jetzt einfach ganz bewusst deine eigenen Erfolgsbilder.

Welche Gefühle verbindest du damit? Tauche so richtig ein in diese positiven Emotionen!

Und das machst du ab sofort jeden Morgen gleich nach dem Aufwachen. Nimm dir ein paar Minuten Zeit und sage dir innerlich dein Ziel vor.

Denke jetzt an deine drei Zielbilder. Male sie dir so plastisch und lebendig aus wie möglich. Spüre, wie die Glücksgefühle aufwallen, wenn du diese Bilder von dir in deiner veränderten Zukunft siehst.

Merkst du, wie sich sofort dein Gefühl für diesen Tag ändert? Wie du dich innerlich ausrichtest?

Genau das ist die Idee: Durch diese Sequenz richtest du deinen Fokus auf dein Vorhaben aus. Und deinen Fokus, deine Absicht zu trainieren, ist tatsächlich schon die halbe Miete.

Notiere dir diese Morgensequenz, also dein Vorhaben plus die drei emotional positiv besetzten Bilder, präge sie dir ein und sag sie dir innerlich jeden Morgen vor. Alternativ nimm sie auf und höre sie dir ab sofort jeden Morgen an.

Tag 6: Setze deinen Anker

Du hast ja im Kapitel „Schritt für Schritt zu neuen Gewohnheiten" bereits erfahren, wie du dir diesen Zusammenhang zwischen äußerem Reiz und Emotion zunutze machen kannst, um einen bestimmten Platz in deiner Wohnung positiv aufzuladen.

Falls du das bis jetzt noch nicht getan hast, ist heute der Tag dafür.

Geht es um eine Gewohnheit, die mit deinem Arbeitsplatz verbunden ist? Dann ist es wahrscheinlich sinnvoll, deinen Schreibtisch mit positiven Assoziationen und Gefühlen zu verknüpfen.

Möchtest du täglich meditieren, suche dir einen ruhigen Ort in deiner Wohnung, an dem du dein Meditationskissen dauerhaft liegenlassen kannst. Oder du nimmst gleich das Kissen als Anker, denn dann ist es egal, wo es liegt.

Für deine Yogapraxis oder andere Workouts verknüpfe positive Gefühle mit deiner Yogamatte oder mit dem Ort in deiner Wohnung, an dem du trainieren willst.

Wenn es um eine Gewohnheit geht, die du außerhalb deiner Wohnung praktizieren möchtest, oder die sich nicht an einem bestimmten Ort ausüben lässt, wähle einfach einen Gegenstand oder ein bestimmtes Symbol.

Eine Emotion lässt sich an alles ankern - sogar an eine Körpergeste!

Während du dem Ablauf für das Ankern folgst, wähle dann statt des Ortes eine Geste, die du eher selten „aus Versehen" auslöst.

Zum Beispiel könntest du deinen Mittelfinger über den Zeigefinger kreuzen. Oder zweimal schnipsen. Oder dir am

Ohrläppchen
ziehen. Du siehst, es gibt jede Menge Möglichkeiten.

Eins kann ich dir versprechen: Dein Anker ist ein mächtiges Werkzeug, das dir enorm helfen kann, deine Gewohnheit dauerhaft zu etablieren. Es lohnt sich wirklich, deinem Anker heute 20 Minuten deiner Aufmerksamkeit zu schenken.

Wenn du ihn in Zukunft auslöst, wird dir das positive Gefühl immer sofort zur Verfügung stehen, quasi auf Abruf. Mit Ankern kannst du dich tatsächlich selbst bis zu einem gewissen Grad „umprogrammieren“.

Probiere es aus! Heute ist der Tag dafür.

Tag 7: Auf die Plätze – fertig – los!

Auch wenn du die Impulse der letzten Tage ganz bewusst durchgearbeitet hast, ist der allererste wirkliche Schritt manchmal doch nochmal eine besondere Hürde. Denn etwas in dir begreift, dass es jetzt wirklich ernst wird.

Die Spannung steigt! Und genau das kannst du dir zunutze machen - indem du einen Countdown herunterzählst:

10 - 9 - 8 - 7 - 6 - 5 - 4 - 3 - 2 - 1 - looooos!

Du fängst jetzt sofort an! Die Spannung löst sich, welche Erleichterung!

Ab sofort machst du jeden Tag einfach weiter mit deinem Vorhaben. Der erste, so wichtige Schritt, ist getan.

Tag 8: Starte mit deiner Mikrogewohnheit

Heute geht es wirklich los!

- Du hast eine Gewohnheit gewählt, die du in dein Leben bringen möchtest.
- Du weißt, wofür du das tust.
- Du hast ein ganz konkretes Ziel definiert und dich verpflichtet.
- Du hast Zeuginnen und/oder Verbündete gefunden.
- Du hast Bilder und Emotionen gewählt.
- Du hast deine Morgensequenz formuliert und aufgeschrieben oder aufgesprochen.
- Du hast deinen Anker gesetzt.

Jetzt überlege dir, wie du die neue Gewohnheit auf einen ganz kleinen ersten Schritt herunterbrechen kannst. Ein wirklich winziges Trippelschrittchen sollte das sein.

Frag dich, wie du mit dem kleinstmöglichen Aufwand starten kannst.

Wenn du abends einen aufgeräumten Schreibtisch hinterlassen möchtest, könnte dieser erste Schritt darin bestehen, dass du ein einziges Blatt in die Ablage sortierst, bevor du Feierabend machst.

Wenn du regelmäßig joggen willst, geh dir gute Joggingschuhe kaufen. Falls du schon welche hast, ziehe sie einmal am Tag für 30 Minuten an.

Wenn du täglich meditieren möchtest, lege einen Ort in deiner Wohnung fest, wo du das tun wirst. Statte ihn mit schönen Dingen aus, die dir ein gutes Gefühl geben. Oder wähle dir eine Meditationsmusik aus.

Diesen einen winzigen Trippelschritt zu machen, ist wirklich enorm wichtig, egal, wie albern dir das eventuell vorkommen mag. Wir haben alle diese Tendenz, dass wir gerade am Anfang einen ganz besonders grandiosen ersten Schritt machen wollen, um uns selbst davon zu überzeugen, dass wir diesmal wirklich ernstmachen!

Aber in der Mehrzahl der Fälle stellt sich der innere Schweinehund dann sofort auf die Hinterbeine und wehrt sich. Er fühlt sich überfahren und wird in der Folge alles dafür tun, dir dein Vorhaben zu erschweren.

Mit den winzig kleinen Trippelschrittchen bekommt er hingegen gar nicht mit, dass sich da was tut. Er hält weiter sein Nickerchen und wird dich einfach machen lassen. So pirschst du dich ganz vorsichtig an ihm vorbei.

Tag 9: Nutze den Kopplungseffekt

Du hast dich für eine neue Gewohnheit entschieden und das erste kleine Trippelschrittchen festgelegt.

Jetzt kannst du dein Gehirn noch zusätzlich unterstützen, indem du überlegst, an welche bereits vorhandene Gewohnheit du die neue Routine koppelst.

Überprüfe also heute deinen Tagesablauf mit besonderem Augenmerk darauf, welchen Routinen du bereits ganz automatisch folgst. Denn das sind die besten Gelegenheiten, um eine neue Gewohnheit damit zu verknüpfen.

Gehe heute durch deinen Tag und mach dir am besten jedes Mal eine Notiz, wenn dir auffällt, wo du einer Routine folgst:

- Deine Routinen am Morgen: Zähneputzen, Kaffee kochen, Frühstück, …
- Welchen Weg du zur Arbeit nimmst
- Was du als erstes tust, wenn du den Computer hochfährst
- Wo und was du zu Mittag isst
- Wann du Pausen machst

- Was du als erstes tust, wenn du wieder zuhause bist
- Wie du den Feierabend einläutest

Schau dir dein Protokoll dann heute Abend an und entscheide, an welche dieser ganz selbstverständlichen Routinen du ab morgen deine neue Mikrogewohnheit koppeln wirst.

Tag 10: Dokumentiere deine Fortschritte

Zu sehen, wie sich durch das tägliche Üben deine neue Erfolgsgewohnheit verfestigt, ist ein ungemein befriedigendes Gefühl. Deshalb ist es so wichtig, dass du diese Kette ununterbrochen fortführst, und sie gerade zu Beginn nicht abreißen lässt.

Entscheide dich heute also für eine der folgenden Methoden:

- 2 Gläser auf dem Nachttisch, eins davon gefüllt mit 1-Euro-Münzen
- Ein Armband mit Schmuckelementen, die sich aufziehen oder anhängen lassen
- Ein Kalender, auf dem du jeden Tag mit einem dicken Kreuz ausstreichst
- Klebepunkte, Sternchen oder Herzchen, ganz nach deinem Gusto, in deinem Tagebuch
- Vielleicht fällt dir auch etwas ganz anderes ein, was für dich noch besser funktioniert.

Jeden Abend dokumentierst du auf diese Weise deinen Fortschritt, und glaube mir, das wird dich wahrscheinlich mehr als alles andere motivieren, wirklich dranzubleiben!

Tag 11: Führe ein Erfolgsjournal

Der heutige Tipp gehört tatsächlich zu den wertvollsten Impulsen, die ich zu geben habe. Gerade Menschen, die bisher den Fokus eher auf die negativen Aspekte ihres Lebens oder ihrer Persönlichkeit gerichtet haben, profitieren enorm davon.

Mein Versprechen: Wenn du dir angewöhnst, nur 5 Minuten pro Tag aufzuschreiben, was dir heute alles gelungen ist und was du alles erreicht hast, wird das deine Selbstwahrnehmung - und damit dein Leben - deutlich verbessern. Denn mit diesem kleinen Trick gelingt es dir, nach und nach den Fokus von deinen scheinbaren Unzulänglichkeiten auf deine Erfolge zu richten. Ich wette, das macht etwas mit dir und deinem Selbstbewusstsein. Fast unmerklich wirst du feststellen, wie sich zuerst deine innere und dann auch deine äußere Haltung verändert. Dadurch wirst du tatsächlich sogar mehr Wertschätzung erfahren.

Ein Erfolgsjournal zu führen, ist deshalb so wertvoll, weil du dir damit bewusst machst, wie produktiv und kreativ du tatsächlich bist. Statt abends darüber zu grübeln, was du wieder alles nicht geschafft hast, suchst du ganz gezielt nach den Punkten, die du erledigt hast.

Gehe deinen Tag innerlich nochmal durch und versuche, wirklich alles zu erfassen, auch die kleineren Erfolge:

- Vielleicht hast du endlich die Überweisung erledigt, die du schon länger auf dem Zettel hattest.
- Oder du hast flexibel auf einen Kundenwunsch reagiert.
- Und natürlich gehört in dein Erfolgsjournal auch dein Fortschritt bei deiner aktuellen Challenge, dir eine neue Gewohnheit anzueignen.

Wenn du das regelmäßig tust, verändert sich dein Blick auf dich selbst. Du schaffst dir damit ein Reservoir an schriftlich festgehaltenen Erfolgen, die du dir an den Tagen durchlesen kannst, an denen gefühlt wirklich gar nichts geklappt hat.

Indem du deine Erfolge schriftlich festhältst, gewinnen sie auch für dich an Verbindlichkeit - schließlich steht da schwarz auf weiß, was du alles geschafft hast. In der Regel ist das übrigens viel mehr als gedacht. Das ist die Magie an dieser Übung: Wir beweisen uns selbst, dass wir viel produktiver sind als wir angenommen hatten. Wir können also damit aufhören, uns innerlich dafür zu verurteilen, dass wir nicht so viel erledigt bekommen wie geplant.

Kaufe dir also am besten noch heute eine schöne Kladde, in der du ab sofort jeden Abend deine großen und kleinen Erfolge notierst. Schenke dir diese Form der Wertschätzung und erfahre, wie sich das mittelfristig auch darauf auswirkt, wie andere Menschen auf dich und deine Arbeit reagieren.

Tag 12: Trainiere deine Willenskraft

Falls du dieses Buch bisher aufmerksam gelesen hast, hast du dich vielleicht schon gefragt, warum die Kniebeugen als Symbol für deine Absicht noch nicht wieder aufgetaucht sind.

Zum Beginn der zweiten Woche nimmst du deine tägliche Kniebeuge nun in dein Programm mit auf. Eine einzige Kniebeuge morgens oder abends beim Zähneputzen wirkt sich nicht nur positiv auf deine Fitness aus. Klammer auf: Ja, auch eine einzige Kniebeuge pro Tag ist besser als keine! Klammer zu.

Viel wichtiger ist aber der mentale Effekt: Indem du diese eine Kniebeuge jeden Tag machst, dokumentierst du deine ernsthafte Absicht dir selbst gegenüber. Ich persönlich glaube ja auch daran, dass das Universum lauscht, was du so treibst - und wenn es mitbekommt, wie entschlossen du bist, wird es dich unterstützen.

Aber auch ohne, dass du meinen Glauben teilst, empfehle ich dir diese kleine Übung, um deine Willenskraft zu stärken.

Jedes Mal, wenn du deine Knie beugst, denke an das Verhalten, das du ändern möchtest. Denke daran, was sich in deinem Leben positiv verändern wird. Mit dieser Energie wird es dir leichter fallen, wirklich dranzubleiben.

Tag 13: Bedanke dich bei dir selbst

Denkst du daran, jeden Tag dein „Sandwich" zu belegen? Auch wenn du im Moment noch bei dem kleinsten Schritt bist: Verbinde dich immer zuerst mit deinem tiefsten Antrieb, bevor du ihn gehst.

Und danach würdige dich dafür, dass du ihn getan hast. Ja, auch wenn es nur dieser winzig kleine Schritt war. Denn du hast ihn getan, und das ist mehr, als die meisten Menschen jemals tun, die immer nur davon reden, aber ihre Absicht nie in die Tat umsetzen.

Also tu dir den Gefallen und bedanke dich bei dir selbst für die Tatsache, dass du auch heute wieder auf die Übungsmatte gegangen bist. Zeig dir damit Wertschätzung. Erwarte sie nicht von
außen, sondern schenke sie dir selbst.

Wichtig dabei ist: Mach das wirklich direkt im Anschluss! Tatsächlich solltest du nicht länger als 2 Sekunden damit warten, damit unser Gehirn versteht, dass die durchgeführte Handlung und die Belohnung miteinander zu tun haben.

Probiere jeden Tag eine andere Variante aus, wie du dir diesen Dank ausdrücken kannst, ohne dich albern zu fühlen. Finde eine Geste, die zu dir passt, oder einen Satz oder Ausruf, der auf den Punkt bringt, wie du dich jetzt fühlst, nachdem du deine Gewohnheit erneut durchgeführt hast.

Du wirst feststellen, dass sich damit deine Haltung dir selbst gegenüber ganz allmählich verändert. Du richtest deinen Fokus auf die Situationen aus, die du bewältigt hast, und nicht auf deine Misserfolge.

Danke, dass du heute dabeigeblieben bist!

Tag 14: Feiere dich und deinen Erfolg

Herzlichen Glückwunsch, du hast heute bereits eine Woche lang deine Mikrogewohnheit praktiziert!

Das muss gefeiert werden! Denn auch wenn dein innerer Kritiker vielleicht noch immer mault und meint, das wäre doch keine echte Herausforderung gewesen: Doch, war es, denn du hast den Schweinehund überlistet und dich elegant an ihm vorbeigemogelt!

Also klopfe dir heute ruhig mal selbst auf die Schulter. Wenn du magst, sprich es sogar laut aus: „Ich bin stolz auf mich! Ich habe eine Woche durchgehalten!“

Spüre mal nach, wie sich das anfühlt, wenn du dich auf diese Weise selbst lobst und deine Leistung anerkennst. Wenn du dir selbst diese Wertschätzung entgegenbringst.

Eine Bekannte von mir führt sogar ganz allein und für sich selbst ihren „Happy Dance“ auf, aus lauter Freude über sich und das

Erreichte. Sie legt eine motivierende Musik auf und bewegt sich tanzend durch ihre Wohnung, lacht, singt mit und feiert sich und das Leben.

Ich wette, das macht etwas mit dir. Etwas Gutes, hoffe ich …

Tag 15: Mach den nächsten winzigen Schritt

Hast du dir schon überlegt, was deine nächste Mikrogewohnheit sein könnte? Sie sollte ebenfalls noch sehr leicht zu bewältigen sein und direkt an deine erste Mikrogewohnheit anknüpfen.

Wenn du also in der vergangenen Woche jeden Tag deine Yogamatte ausgerollt hast, setzt du dich diese Woche vielleicht einfach mal jeden Tag für 5 Minuten darauf. Du musst sonst nichts tun. Gewöhne dich nur an das Gefühl, auf dieser Matte zu sein.

Wenn du abends ein Blatt Papier von deinem Schreibtisch in einen Ordner gepackt hast, nimm dir jetzt 3 vor.

Wenn du Akquise lernen willst und bisher einfach Ideen gesammelt hast, schau dir ab sofort jeden Tag ein kurzes Video zum Thema an.

Finde ein winziges Trippelschrittchen, das dich immer noch nicht sehr herausfordert, aber schon etwas mehr bedeutet als die Mikrogewohnheit der ersten Trainingswoche.

Oft wirst du feststellen, dass du einfach weitermachst, wenn du einmal angefangen hast. Das ist ein alter Trick, um die Hürde zu überwinden, überhaupt anzufangen. Falls es dir so geht, wunderbar. Aber falls nicht: auch kein Problem. Führe einfach nur deine Mikrogewohnheit aus. Das ist schon alles für heute.

Tag 16: Trotze dem Durchhänger

Wie fühlst du dich heute? Bist du stolz, weil du schon acht Tage geschafft hast mit deiner neuen Mikrogewohnheit?

Oder merkst du gerade, dass du heute vielleicht zum ersten Mal einen kleinen Durchhänger hast?

Das ist tatsächlich total normal.

Dieser kleine Einbruch kommt fast immer nach ein paar Tagen, weil unser Gehirn gern wieder zum gewohnten Zustand zurückkehren will.

Vielleicht ist es dir gelungen, dein Gehirn durch die Mikrogewohnheit auszutricksen, und es merkt gar nicht so recht, dass sich etwas verändert.

Aber falls du heute wirklich in ein kleines Motivationsloch gefallen sein solltest, denk daran: Du hast alle Zutaten, um dich selbst
wieder daraus zu befreien.

- Verbinde dich mit deinem inneren Antrieb.
- Lies deinen Vertrag.
- Durchlaufe deine Morgensequenz noch einmal ganz bewusst und fokussiere dich auf deine positiven Emotionen und die wunderbaren Bilder.
- Löse deinen Anker aus.

Akzeptiere einfach, dass es diese Momente geben wird, in denen du einen kleinen Einbruch haben wirst. Das gehört dazu. Du bist deshalb nicht besonders willensschwach. Du schaust nur deinem Gehirn dabei zu, wie es den alten Zustand wiederherstellen will.

Mach ganz einfach stoisch weiter. Ich verspreche dir, morgen bist du wieder gut gelaunt dabei!

Tag 17: Drop the thought

Manchmal stellst du wahrscheinlich fest, dass du trotz all der hilfreichen Tricks ganz unwillkürlich wieder in eine alte Gewohnheit zurückfällst, die du doch eigentlich loslassen wolltest.

Das ist die Macht des Autopiloten, der sich das Steuer eben nicht so ohne weiteres aus der Hand nehmen lassen will. Da braucht nur ein Auslöser von außen zu kommen, der dich triggert, und zack: Du bist wieder auf der alten Spur unterwegs!

Oft führt dann eins zum anderen: Du bist genervt, wenn dir das auffällt und verurteilst dich dafür, und du ärgerst dich, weil es dir immer noch nicht gelungen ist, dieses blöde Verhalten abzustellen ... und plötzlich ist dein ganzer Tag versaut, wenn du nicht aufpasst.

Achte heute doch einmal ganz bewusst darauf, was deine Trigger sind:

- Vielleicht sagt oder tut dein Lieblingsmensch irgendetwas, was dich auf die Palme bringt und du reagierst auf dieselbe Art wie immer.
- Oder du setzt dich abends auf die Couch, endlich Feierabend, und du schenkst dir ganz automatisch ein Glas Wein ein.
- Ein Kunde ruft an, der noch ganz dringend irgendwas bis morgen erledigt haben will, und obwohl du den Schreibtisch voll hast, lässt du dich dazu drängen, diese Aufgabe auch noch zu erledigen - obwohl du genau weißt, dass das eine Nachtschicht bedeutet.

Es gibt eine verblüffend einfache Mentaltechnik, die es dir erleichtern wird, die alten Muster zu durchbrechen: Drop the thought. Kurz gesagt, hilft sie dir dabei, den hinderlichen Gedanken loszulassen, sobald du ihn wahrnimmst.

So funktioniert's: Sobald du deinen Trigger identifiziert hast, sag dir innerlich sehr energisch „Stopp!"

Wenn du alleine bist, sprich mit fester Stimme und in gebieterischem Ton. Darüber hinaus kannst du zusätzlich eine Stoppkelle visualisieren, um deine Vorstellung zu unterstützen. Oder du hebst einfach die flache Hand, als würdest du einem unsichtbaren Gegner signalisieren „Bis hierher und nicht weiter!"

Das ist wichtig, damit du dir selbst ein wirklich klares Zeichen setzt. Jetzt ist Schluss mit diesem alten Verhalten, das dir nicht guttut!

Deinen Körper einzubeziehen, kann dich noch weiter unterstützen. Konzentriere dich darauf, was gerade in deinem Körper passiert. Da wir nicht in der Lage sind, uns gleichzeitig auf zwei verschiedene Dinge zu konzentrieren, ein Gefühl und eine Körperempfindung, nimmst du damit dem unangenehmen Gefühl die Macht.

Wenn also in dir ein Versagensgefühl auftaucht oder du dich dabei ertappst, beim Gedanken an dein Vorhaben Angst zu bekommen, richte deine Aufmerksamkeit auf deinen Atem, auf das Gefühl, wenn die Luft durch deine Nase ein- und wieder ausströmt. Gehe dann mit deiner Aufmerksamkeit langsam durch den Körper.

Fange bei deinen Füßen an und achte einfach darauf, was du dort wahrnimmst, ohne es zu bewerten: Sind deine Füße kalt oder warm, spürst du die Socken, die du trägst oder den Untergrund, auf dem deine nackten Füße stehen?

Auf diese Weise gehst du gedanklich langsam durch deinen gesamten Körper, von den Füßen, über Unter- und Oberschenkel und dein Gesäß, die Hüften, deinen Bauch, Brust, Nacken, Kopf, Schultern, Ober- und Unterarme, Hände und schließlich zu deinem Rücken.

Es ist eigentlich egal, wie lange du diesen Bodyscan praktizierst. Wichtig ist, dass du dabeibleibst und dich einfach auf die jeweilige Körperwahrnehmung konzentrierst.

Wenn die Gedanken abschweifen, nimm auch dies wahr und kehre einfach wieder zurück zu deinem Atem und deinem Körper. Du wirst feststellen, dass du auf diese Weise dem negativen Gefühl tatsächlich entkommst.

Alternativ oder zusätzlich kannst du das alte Muster durchbrechen, indem du ganz bewusst etwas tust, was völlig anders ist als dein übliches Verhalten. Tu etwas, was du normalerweise an dieser Stelle nie machen würdest.

Das kann ruhig etwas ganz Bekloppptes sein: Dreh dich zweimal im Kreis. Gehe drei Schritte rückwärts. Schneide verrückte Grimassen.

Damit signalisierst du deinem Gehirn: Hoppla, da passiert was Neues! Du biegst also von der Autobahn in deinem Gehirn ganz unvermittelt ab. Das ist ein richtiger Wachmacher für deine Synapsen.

Je öfter es dir gelingt, diesen Unterbrecher einzusetzen, umso verwirrter wird dein Gehirn reagieren. Und du wirst bemerken, dass das Problem an Bedeutung verliert. Wenn du immer so „bekloppt“ auf den ursprünglichen Trigger reagierst, wird etwas in dir begreifen, dass das alte Muster eigentlich gar nicht mehr so wichtig ist.

Mir ist wichtig, dass du verstehst: Du hast jederzeit die Wahl, dein Leben auf eine neue Spur zu bringen. Jederzeit. Jetzt.

Wenn du so einen Unterbrecher einsetzt, kannst du dir das als Verstärker noch zusätzlich sagen: „Ich beginne jetzt mein Leben neu!"

Du wartest nicht mehr passiv darauf, dass sich dein Leben irgendwann positiv verändert. Du stellst einfach die Weichen neu.

Nimm dir also für heute vor, auf deine Trigger zu achten und sie auf diese Weise zu entmachten. Ich verspreche dir einen interessanten Tag!

Tag 18: Höre dir selbst zu

Manchmal machen wir uns das Leben schwerer als es sein müsste, weil wir in unserem inneren Dialog nicht besonders freundlich mit uns umgehen.

Wir alle führen ja fortwährend innere Gespräche und erklären uns so die Welt. Und manchmal sprechen wir uns dabei auch selbst an, vorzugsweise dann, wenn etwas gerade nicht so läuft, wie wir uns das vorgestellt haben.

Bei leider viel zu vielen Menschen hört sich das dann etwa so an:

- „Kannst du nicht besser aufpassen, du dumme Nuss?"
- „Jetzt konzentrier dich doch mal, so wird das nie was!"
- „Du bist echt zu doof zum K…!"
- „Herrgott nochmal, so schwer ist das doch wirklich nicht, stell dich nicht so an!"
- „Du kapierst es einfach nicht, wie blöd kann man eigentlich sein?"

Wir erlauben uns manchmal einen Ton uns selbst gegenüber, den wir bei anderen Menschen niemals anschlagen würden.

Selbst wenn die Beispiele dir jetzt sehr übertrieben vorkommen: Achte doch heute und in den nächsten Tagen mal auf deine inneren Selbstgespräche. Vielleicht bist du ein wenig gnädiger mit dir. Aber bringst du deinen eigenen Versäumnissen und Fehlern wirklich Verständnis entgegen?

Tatsächlich sagen dir diese inneren Stimmen viel darüber, was du über dich selbst denkst. Oft sind das internalisierte Stimmen von Menschen, die vielleicht früher mal so mit dir gesprochen haben, deine Eltern zum Beispiel, oder manche Lehrer*innen, wichtige Menschen aus deinem Umfeld. Unbewusst haben wir diese Formulierungen übernommen und fortgeführt.

Wenn du dir das nun einmal klarmachst, dann bewahrheitet sich mal wieder der Satz, dass unsere Gedanken unsere Realität gestalten.

Denn ich bin sicher, du wünschst dir Wertschätzung von den Menschen, mit denen du zu tun hast. Und vielleicht ärgerst du dich darüber, wie wenig wertschätzend andere mit dir zuweilen um-gehen. Okay, dann darfst du dich heute fragen, wieso sie das tun sollten, wenn du noch nicht mal selbst dazu in der Lage bist?

Die Einsicht, dass wir selbst bis zu einem gewissen Punkt aktiv verhindern, die uns zustehende Achtung und gebührenden Respekt zu erhalten, tut manchmal weh.

Aber die gute Nachricht ist, dass du jetzt damit beginnen kannst, ab sofort viel liebe- und verständnisvoller mit dir selbst zu sprechen.

- Wenn du also feststellst, dass du etwas „falsch" gemacht hast, wie wäre es dann mit einem verständnisvollen „Ok, das war jetzt suboptimal. Wir probieren das einfach nochmal."

- Wenn du ungeduldig bist und es dir nicht schnell genug geht, könntest du dir vielleicht sagen „Manche Dinge brauchen eben ihre Zeit. Ich konzentriere mich jetzt nochmal ganz intensiv."
- Wenn es dir schwerfällt, bestimmte Dinge zu verstehen, dann gib dir die Erlaubnis, das Thema in deinem eigenen Tempo anzugehen: „Ich fange einfach nochmal von vorne an. Dann wird es bestimmt klarer."

Fühlt sich gleich ganz anders an, oder?

Ich verspreche dir, wenn du das regelmäßig trainierst - und das Zauberwort ist natürlich „regelmäßig" - dann verändert sich deine Haltung dir selbst gegenüber. Du bringst dir selbst mehr Wertschätzung entgegen, und mit der Zeit wird sich das auch im Außen abbilden.

Tag 19: Erzähle anderen von deiner Reise

Nun bist du schon seit über zwei Wochen unterwegs zu deiner neuen Gewohnheit, hast vielleicht schon deine erste kleine Motivationskrise erlebt und überstanden - und somit allen Grund, stolz auf dich zu sein!

Wie wäre es, wenn du heute ein paar Menschen von deinem Ziel erzählst?

Dabei kannst du selbst aussuchen, wie groß die Öffentlichkeit ist, die du dir dafür wählst.

Ich empfehle dir allerdings, dir ein größeres Publikum zu suchen. Das hat einfach den Hintergrund, dass du damit in gewisser Weise den sozialen Druck erhöhst. Wir geben nämlich nicht so gerne in aller Öffentlichkeit zu, dass wir ein Vorhaben, das wir laut postuliert haben, dann doch nicht durchgehalten haben.

Eine Kollegin von mir, die an einer meiner Challenges teilgenommen hat, entschied sich damals dafür, ihre Fortschritte täglich auf Facebook zu dokumentieren. Auf diese Weise konnten ihre Facebook-Freunde Tag für Tag nachverfolgen, wie sie mit ihrem Ziel vorankam, wie sie sich dabei fühlte, und was ihr half dranzubleiben.

Gleichzeitig organisierte sie sich auf diese Weise eine enorme Unterstützung. Denn die allermeisten Menschen bewundern es, wenn jemand ernstmacht und mit Klarheit und Stolz seine persönlichen Ziele angeht.

Wenn du auf diese Weise dein weiteres soziales Feld mit einbeziehst, wirst du mit großer Wahrscheinlichkeit feststellen, dass du sogar eine Art Vorbild für andere werden kannst.

Und ganz unabhängig davon, dass es dem Ego guttut, wenn andere uns bewundern, wirst du dich selbst damit stärken und gleichzeitig eine gute Energie in dein Umfeld senden.

Also, wem willst du heute zeigen, was deine wahren Ziele sind?

Tag 20: Finde den Fehler

Du hast jetzt fast die Hälfte deiner 30-tägigen Testphase absolviert und bereits einige Erfahrungen gesammelt mit deiner neuen Gewohnheit.

Wie wäre es mit einer kleinen Zwischenbilanz? Bist du gut zurechtgekommen? Falls ja: alles prima, dann mach einfach so weiter.

Aber falls es zwischendurch gehakt hat, lass uns doch mal ein bisschen genauer hinschauen, damit du eventuell deinen Kurs nochmal korrigieren kannst.

Ich habe ein paar mögliche Stolperfallen identifiziert, die mir immer wieder begegnen. Prüfe einfach, ob du dabei fündig wirst.

Fast immer verändert sich der ganze Prozess positiv, wenn du an einem oder auch mehreren dieser Stellschräubchen nochmal drehst:

- *Verbindest du dich jeden Tag mit deiner Absicht bzw. deinem tiefsten Antrieb?*

Bitte lass diesen wichtigen Schritt nicht aus. Gerade zu Beginn ist es so hilfreich, wenn du dir immer wieder bewusst machst, wofür du diese ungewohnte Anstrengung auf dich nimmst.

Wenn deine Gewohnheit irgendwann fest etabliert ist, brauchst du diese „Krücke" nicht mehr. Doch bei jeder neuen Gewohnheit, die du in dein Leben bringen möchtest, ist das einer der entscheidenden Faktoren, die dich zum Erfolg bringen. Denn die Klarheit über dein Wofür hilft dir über Motivationslöcher hinweg. Dass die unweigerlich auftauchen, hast du wahrscheinlich bereits erlebt.

- *Hast du Bilder gefunden im Hinblick auf dein Ziel, die wirklich positive Emotionen in dir auslösen?*

Spüre nochmal ganz genau in dich hinein. Es kommt nämlich manchmal vor, dass die gewählten Bilder in Wahrheit eher negative Gefühle verursachen.

Möglicherweise wirst du traurig, weil du insgeheim denkst, dass du das sowieso nicht schaffen kannst. Oder du fühlst Neid gegenüber Menschen, die das erwünschte Ziel bereits erreicht haben - und du noch nicht.

Wenn sich irgend so ein Widerstand regt, dann funktioniert das Bild für dich nicht. Dann empfehle ich dir, vielleicht eine Stufe niedriger zu beginnen.

Vielleicht hast du dir beispielsweise vorgenommen, als neue Gewohnheit jeden Monat einen bestimmten Betrag zurückzulegen. Dein Zielbild zeigt dir einen Kontostand von 1 Million Euro. Eigentlich würdest du damit gerne Glücksgefühle verbinden.

Doch natürlich kann es sein, dass ein Teil in dir spürt, dass dieses Ziel momentan noch nicht realistisch ist. Das löst dann eher Gefühle aus von Trotz oder Traurigkeit. Solche Gefühle motivieren dich auf Dauer nicht.

Versuche also in diesem Fall, ein Bild zu finden, das vielleicht ein bisschen weniger ambitioniert ist. Vielleicht findest du einen Gegenstand oder eine Unternehmung, die du dir dann leisten kannst. Wie geht es dir damit?

Experimentiere mit Bildern, die für dich wirklich funktionieren und halte nicht krampfhaft an Bildern fest, die im Grunde kontraproduktiv sind.

- *Funktioniert dein Anker?*

Auch der Anker ist ein wesentlicher Erfolgsfaktor. Wenn du merkst, dass er für dich nicht funktioniert und du ihn gar nicht mehr anwendest, dann setze ihn nochmal neu.

Wenn du beim Triggern deines Ankers nicht sofort die gewünschten Gefühle spüren kannst, hast du wahrscheinlich die auslösende Situation beim Ankersetzen nicht intensiv genug gespürt.

Oft hilft es, dir dann doch eine andere Situation zu wählen, in der du die gewünschten Gefühle lebhafter aufrufen kannst, und den Anker nochmal neu zu setzen.

Verzichte nicht auf dieses wertvolle Hilfsmittel, es macht das Leben so viel leichter!

- *Welche Mikrogewohnheit hast du gewählt? Konntest du sie ganz leicht und unkompliziert in deine Abläufe einbauen? Oder hast du da schon Widerstände gespürt?*

Falls ja, dann überlege dir nochmal ganz genau, ob du diesen allerersten Schritt noch weiter verkleinern kannst. Er sollte für dich wirklich ganz easy zu bewältigen sein.

Ja, es kann sein, dass dir das irgendwie albern vorkommt. Aber wenn es wirkt, ist alles erlaubt, finde ich.

Hast du bei einem der genannten Punkte eine Resonanz gespürt? Dann tu dir den Gefallen und arbeite heute nochmal nach. Denn es wird dir viel leichter fallen, deine neue Gewohnheit wirklich fest zu etablieren, wenn du vor allem diesen ersten Schritten folgst.

Ab jetzt wirst du Impulse finden, die dir das Leben zusätzlich erleichtern werden, wenn du sie annimmst und integrierst. Sie sind nicht unbedingt nötig, damit du deine neue Gewohnheit fest verankerst in deinem Leben. Aber sie werden dir die nächsten zwei Wochen versüßen, und deshalb empfehle ich dir, einfach dabei zu bleiben und dir jeden Tag einen kurzen Impuls abzuholen.

Tag 21: Belohne dich heute

Wow, seit drei Wochen beschäftigst du dich täglich mit deiner neuen Erfolgsgewohnheit. Du bringst dein Gehirn so richtig auf Trab, und du hast die Kette bisher noch nicht unterbrochen. Das ist wirklich beeindruckend, und du kannst stolz auf dich sein!

Deshalb schlage ich vor, dass du dich heute schon mal belohnst für dieses Zwischenziel.

Gönn dir etwas Besonderes. Das muss gar nicht Großes sein: vielleicht ein heißes Bad bei Kerzenschein? Oder endlich mal wieder ein paar Seiten im Schmöker lesen?

Ein kleiner Bummel durch die Stadt, ein Spaziergang in der Sonne, ein Plausch mit einer guten Freundin - was auch immer dir heute besonders guttun würde: Gönne es dir. Du hast es wirklich verdient!

Genieße deine Belohnung ganz bewusst. Nimm wahr, wie sich das anfühlt: Du hast es schon so weit geschafft!

Du feierst heute sozusagen Bergfest, denn mehr als die Hälfte des Weges liegt bereits hinter dir. Großartig!

Tag 22: Hör auf zu kämpfen

Manchmal möchte dich dein Ehrgeiz vielleicht links überholen, und du möchtest sofort einen großen Schritt weitergehen. Besonders dann, wenn die ersten beiden Wochen mit den Mikrogewohnheiten dir wirklich leichtgefallen sind. Das kann ich natürlich gut verstehen.

Trotzdem empfiehlt es sich, weiterhin erst einmal den Weg des geringsten Widerstands zu gehen und bei den Mikrogewohnheiten zu bleiben. Wenn dir die letzte Woche leichtgefallen ist, dann vor allem deshalb, weil du deinem inneren Schweinehund gar keine Angriffsfläche geboten hast.

Soll es so leicht bleiben, oder möchtest du lieber wieder kämpfen? - Eben.

Trippelschrittchen für Trippelschrittchen weiter, und du wirst sehen: Ehe du ganz begreifst, wie das passieren konnte, ertappst du dich selbst dabei, dass sich etwas in deinem Leben signifikant verändert hat.

Tag 23: Nutze deine Spiegelneuronen

Dein Anker ist ein wertvolles Hilfsmittel, um dich dabei zu unterstützen, deine neue Gewohnheit nachhaltig in dein Leben zu inte-grieren.

Egal ob du einen besonderen Platz in deiner Wohnung oder einen Gegenstand gewählt hast: Du kannst deinen Anker noch weiter mit positiven Emotionen aufladen. Je intensiver die positiven Gefühle sind, die sich mit deinem Anker verbinden, umso wirksamer.

Deshalb ist deine heutige Aufgabe, dich erneut mit deinem Anker zu beschäftigen und dich zu fragen, welches Gefühl dich zusätzlich bei deinem Vorhaben unterstützen könnte.

Suche dann wieder nach einer Situation in deiner Vergangenheit, in der du dieses Gefühl schon einmal intensiv erlebt hast. Rufe dir alle Sinneswahrnehmungen zurück ins Gedächtnis und konzentriere dich darauf. Wenn du merkst, wie das Gefühl sich in seiner Intensität dem Höhepunkt nähert, löse deinen bisherigen Anker aus. Begib dich also an den Ort, den du mit diesem positiven
Gefühl „aufgeladen“ hast, konzentriere dich auf den entsprechenden Gegenstand oder führe die Geste aus, die dieses Gefühl in dir wachruft.

Nach einem „Unterbrecher“, also einem kurzen Moment, in dem du etwas ganz anderes tust, löse erneut den Anker aus. Du solltest nun sofort nicht nur das ursprünglich daran geankerte Gefühl
abrufen können, sondern auch das gerade eben geankerte. Die beiden Gefühle sollten sich in ihrer Wirkung verstärken.

Auch hier gilt wieder: Wenn es beim ersten Mal noch nicht geklappt hat, das Gefühl erfolgreich zu ankern, wiederhole den Ablauf.

Wähle dir eventuell eine andere Ausgangssituation, in der das gewünschte Gefühl für dich noch intensiver und besser abrufbar ist.

Manchmal kommt es allerdings vor, dass man tatsächlich keine eigenen Erinnerungen an ein gewünschtes Gefühl hat.

Dann können dir deine Spiegelneuronen helfen. Denn diese speziellen Nervenzellen werden aktiviert, wenn wir beobachten, wie andere Lebewesen Emotionen zeigen. Wir können dadurch quasi spiegelbildlich deren Gefühle oder auch körperliche Empfindungen nachempfinden. Sie sind letztlich dafür verantwortlich, dass wir intuitiv wahrnehmen, was andere Menschen fühlen.

Und das kannst du dir zunutze machen: Vielleicht hast du die Emotion, die für deinen Anker wichtig wäre, in einem Spielfilm erlebt, bei dem du dich sehr intensiv mit einer Figur identifiziert hast.

Rufe dir den Spielfilm beziehungsweise diese ganz bestimmte Szene noch einmal in Erinnerung oder schau sie dir sogar noch einmal an. Das kann ebenso gut funktionieren wie eine selbst erlebte Situation, weil wir durch unsere Spiegelneuronen ähnliche Gefühle produzieren, wie der Filmcharakter sie darstellt.

Eine weitere mögliche Variante: Wähle dir ein Modell aus deinem Bekanntenkreis, also einen Menschen, den du für ein bestimmtes Verhalten besonders bewunderst. Schau dir genau an, wie diese Person das macht. Zerlege es sozusagen in lauter kleine einzelne Komponenten und fühle dich dabei in diese Person ein.

Oft entsteht auch dabei ein Gefühl, das dem nahekommt, das du dir selbst wünschst, um deine Gewohnheit erfolgreich zu verankern.

Auch hier übernehmen deine Spiegelneuronen einen Teil der Arbeit, denn sie ermöglichen uns, die Gefühle anderer Menschen nachzuempfinden, obwohl wir die entsprechende Handlung gar nicht selbst vollziehen.

Unser Gehirn, eigentlich unser ganzes System, ist wirklich ein Wunderwerk, oder? Mich bringt es jedenfalls immer wieder ins Staunen!

Tag 24: Arbeite mit Erinnerungen

Du weißt ja inzwischen, dass der größte Stolperstein bei neuen Gewohnheiten das alte Muster, der Autopilot, ist. Deshalb ist es so wichtig, dass du dranbleibst und wirklich täglich eine kleine Handlung absolvierst, die dich deinem Vorhaben näherbringt.

Weil aber das alte System so mächtig ist, kommt es vor, dass wir schlicht vergessen, was wir tun wollten. Kurz vor dem Schlafengehen fällt es uns dann plötzlich ein - und wir fühlen uns doof und sind ärgerlich.

Um das zu vermeiden, empfehle ich dir, in Zukunft mit Erinnerungen zu arbeiten.

Du kannst dir zum Beispiel jeden Tag um dieselbe Uhrzeit eine Erinnerung auf deinem Smartphone einrichten. Es gibt auch Apps, die dir helfen, auf Spur zu bleiben.

Hier eine kleine Auswahl. Schau mal, welche davon für dich passen könnte:

- Loop Habit Tracker
- Change Buddy

- Habit Hub
- Fabulous
- Goal Tracker
- Streaks
- Way of Life
- Little Bit
- Habit List

Wer eher auf analoge Erinnerungen steht, kann Haftnotizen an gut sichtbaren Stellen in der Wohnung platzieren. Aber diese solltest du jeden Tag an eine andere Stelle setzen, weil wir uns nämlich sonst sehr schnell daran gewöhnen und sie einfach nicht mehr wahrnehmen.

Wenn du Buddys gefunden hast, die ebenfalls eine neue Gewohnheit trainieren, könnt ihr euch täglich gegenseitig erinnern. Das hat einen zusätzlichen verstärkenden Effekt.

Zum Beispiel könnt ihr vereinbaren, euch jeden Tag zu einer bestimmten Uhrzeit kurz anzurufen oder zu chatten. Das erhöht die Verbindlichkeit signifikant.

Tag 25: Hör auf, dich zu vergleichen!

Leider wird uns das unselige Vergleichen mit den Leistungen anderer schon in früher Kindheit eingeprägt, und es ist sehr schwer, sich davon wieder zu befreien.

Ständig schielen wir darauf, was andere machen und messen uns daran. Wir fragen uns, warum Kollegin X mit ihrem Angebot so erfolgreich ist, das sich doch gar nicht so sehr vom eigenen unterscheidet. Wir glauben, dass Kollege Y eben mehr von Marketing versteht und wir das niemals so gut hinbekommen können.

Ich fühle mich beim Sport manchmal noch immer unwohl in Gruppen, weil ich das Gefühl habe, die anderen sind viel fitter, beweglicher, anmutiger ... als ich.

Das ist wirklich nicht hilfreich - es sei denn, du erlebst so einen Vergleich als motivierend. Manchmal kann das nämlich auch dazu führen, dass wir unbedingt dasselbe erreichen wollen wie die
Person, die offenbar etwas wirklich besser beherrscht als wir selbst.

Dann mobilisieren wir Energien und Ressourcen und erleben durch das Vergleichen sogar einen Produktivitätsschub. Das ist prima und kann sogar sehr wirksam sein.

Aber Vergleiche, die dir ein schlechtes Gefühl machen, weil du dann innerlich denkst, das könntest du so nie ... die dürfen entsorgt werden.

Was dabei hilft: Richte den Fokus immer wieder zurück auf dich. Nimm die Energie zurück zu dir. Es geht nicht um die andere Person. Es geht um dich. Also atme tief durch, konzentriere dich wieder auf die aktuelle Aufgabe und mache einfach weiter.

Tag 26: Genieße deine Morgensequenz

Deine Morgensequenz ist ein wichtiger Bestandteil deines Übungsprogramms. Denn damit verbindest du dich jeden einzelnen
Morgen mit deiner erklärten Absicht und rufst die entsprechenden Bilder und damit verbundenen Emotionen auf.

Wenn du die Morgensequenz allerdings als mehr oder weniger lästige Pflichtübung absolvierst, dann kann sie ihre Wirkung nicht annähernd entfalten.

Solltest du dich ertappt fühlen, lege ich dir heute ans Herz, deine nächste Morgensequenz mal ganz bewusst zu genießen. Erlebe sie als das Geschenk an dich selbst, das sie in Wahrheit ist.

Falls es dir möglich ist, sprich deine Absicht laut aus, statt sie nur zu denken. Schon das verändert die Qualität.

Dann rufe jedes deiner drei Zielbilder nacheinander auf. Schwelge richtiggehend darin! Nimm wahr, wie die damit verbundenen Emotionen so richtig stark werden und bade darin! Wenn du spürst, wie sich ein Lächeln auf deinem Gesicht ausbreitet, bist du auf dem richtigen Weg.

Du flutest auf diese Weise dein Gehirn schon am Morgen mit biochemischen Drogen wie Serotonin und Dopamin und verschaffst dir damit das erste High des Tages. Ja, die Morgensequenz ist tatsächlich eine Art Doping.

Unterschätze niemals die Kraft, die dein Vorstellungsvermögen hat. Es kann dich stimmungsmäßig innerhalb kürzester Zeit nach oben katapultieren - auch und gerade, wenn du dich momentan nicht so richtig motiviert fühlst.

Wenn du das täglich trainierst, hast du damit im Grunde schon ganz nebenbei eine wesentliche Erfolgsgewohnheit erlernt. Fast hättest du das gar nicht bemerkt, oder?

Tag 27: Stell dir Powerfragen

Wahrscheinlich kennst du Momente, in denen du in fruchtlosem Grübeln absackst. Oft sind dabei Fragen im Spiel, die wir uns immer wieder stellen, die aber nur dazu führen, dass wir uns nur noch tiefer in negativen Gedankenspiralen verstricken:

- Warum hat das nicht geklappt?
- Warum schaffen andere das und ich nicht?

- Wieso passiert immer mir so ein Mist?

Schon darin zeigt sich, welche Macht Fragen über unser Denken haben.

Deshalb schlage ich dir heute vor, deinem Hirn einmal anderes Futter anzubieten. Wenn du dir die richtigen Fragen stellst, programmierst du dein Gehirn nämlich darauf, nach echten Lösungen zu suchen, statt deine Unzufriedenheit zu verstärken.

Wie wäre es zum Beispiel mit folgenden Powerfragen:

- Warum bin ich glücklich, zufrieden und erfolgreich?
- Warum macht mir mein Job so große Freude?
- Warum freue ich mich heute auf meinen Tag?
- Warum unterstütze ich auch andere, wenn ich mein volles Potenzial lebe?
- Warum darf ich in Fülle leben?

Normalerweise nutzen wir Warum-Fragen eher dazu, in sinnlose Grübeleien abzudriften.

Wenn du allerdings mit Powerfragen arbeitest, wirst du sofort merken, wie dein Gehirn wach wird. Denn das ist erstmal ungewohnt, oder? Darauf springt unser Verstand sofort an. Dein Gehirn ist ein Problemlösungsinstrument. Es kann gar nicht anders,
sondern sucht sofort nach Antworten, wenn du diese Warum-Fragen stellst. In diesem Fall beinhalten sie oft schon den Keim der Lösung, die du suchst.

Bezogen auf deine neue Gewohnheit kann dir deine eigene Warum-Frage daher ganz neue Horizonte eröffnen. Was könnte deine heutige Warum-Frage sein? Und warum wird sie dir helfen, dein Leben nach deinen Wünschen auszurichten?

Tag 28: Zeig dem Leben deine Zähne

Ui, das klingt erstmal recht martialisch, oder? Tatsächlich meine ich damit jedoch nicht, dass du dich noch mehr anstrengen und noch mehr kämpfen sollst, sondern genau das Gegenteil.

Wenn du heute auf deine Übungsmatte gehst - und egal, welche Gewohnheit du gerade einübst, sieh es als Training - dann lächle dabei ganz bewusst. Lächle so, dass man deine Zähne sehen kann.

Auch und gerade, wenn es sich anstrengend anfühlt. Auch dann, wenn du heute ein Motivationstief oder schlechte Laune hast. Auch wenn es sich erst einmal unecht anfühlt.

Lächle und setze damit einen biochemischen Prozess in Gang, der dir helfen wird, dein Ziel zu erreichen. Denn wenn du lächelst, bewegst du bestimmte Muskeln in deinem Gesicht.

Und dies wiederum interpretiert dein Gehirn so: Hey, wir lächeln, also her mit dem Serotonin! Serotonin ist das Glückshormon, und wir schütten es aus, wenn wir dem Leben lächelnd die Zähne zeigen. Je mehr du lächelst, umso besser fühlst du dich.

Diese Wirkung tritt sogar dann ein, wenn du erstmal nur so tust als ob. Du kannst dir auch einen Bleistift zwischen die Zähne klemmen. Dabei werden die gleichen Muskeln beansprucht wie beim Lächeln, und du wirst nach wenigen Minuten den gleichen Effekt feststellen: Du kannst gar nicht mehr verhindern, dass es dir besser geht.

Mir hat das sehr geholfen, als ich wieder mit einer regelmäßigen Laufroutine begonnen habe. Nach einer längeren Pause war es anfangs mühsam, mich wieder dazu aufzuraffen, und ich konnte noch nicht wieder längere Strecken am Stück laufen.

Ich hatte aber gelernt, dass der Körper erst bei 50 bis 60 Prozent seiner maximalen Leistungsfähigkeit angekommen ist, wenn ich das Gefühl habe, ich kann nicht mehr. Dann stellen sich ja gerne solche oder ähnliche Gedanken ein:

- Das schaffe ich nicht.
- Ich breche gleich zusammen.
- Ich bin echt schon zu alt für diesen Schei…

Sobald mir auffällt, dass mir solche Gedanken durch den Kopf schießen, fange ich stattdessen ganz bewusst an zu lächeln, während ich laufe. Und ich rede mir innerlich gut zu:

Du schaffst das.

Nur noch bis zur nächsten Ecke, das geht schon.

Du kannst mehr als du denkst.

Und rate, was dann passiert? Genau, ich halte durch! Ich schaffe die Distanz, die ich mir vorgenommen hatte. Einfach, weil ich lächle und mein inneres Selbstgespräch verändere.

Zeige also heute der Welt dein Lächeln und erlebe, wie du deine Aufgaben mit einer ganz anderen Haltung meisterst. Und falls du ohnehin ein Mensch bist, der viel lächelt, hast du heute sozusagen mal übungsfrei und genießt das Wissen um die Macht deines Lächelns.

Tag 29: Zünde die nächste Stufe

Was, drei Wochen hast du bereits geschafft mit deinen Mikrogewohnheiten? Das ging doch eigentlich recht flott und war gar nicht so schwer, oder?

Du hast dein Gehirn nun schon langsam daran gewöhnt, dass sich da etwas Neues anbahnt. Und inzwischen sollte es dir schon recht leichtfallen, diese kleinen Trippelschrittchen zu gehen.

Bist du jetzt bereit für die nächste Stufe? Denn ab heute schaltest du um auf das volle Programm! Ab heute setzt du die Gewohnheit, die du zu deiner Routine machen möchtest, komplett um.

Wenn du also heute zum ersten Mal wirklich den vollständigen Ablauf durchführst, mache dir bewusst, was du gerade tust: Du veränderst dein Leben. Du übernimmst die Verantwortung. Du lässt die Ausreden hinter dir. Darauf kannst du stolz sein. Denn es gibt tatsächlich nicht so viele Menschen, die das tun.

Wenn du dich in deinem Umfeld umschaust, wirst du wahrscheinlich vielen Menschen begegnen, die zwar jammern, aber selten etwas dagegen unternehmen. Jammern und klagen ist halt einfacher, als den Hintern hochzubekommen.

Du jedoch hast eine wichtige Entscheidung für dein Leben getroffen, du bist bereit, die Konsequenzen zu tragen, und du hast jetzt insgesamt schon vier Wochen durchgehalten. Du hast also mehr als genug Gründe, stolz auf dich zu sein!

Und mit diesem Gefühl startest du heute wirklich durch mit deiner kompletten Routine. Du wirst sehen, der Schritt ist gar nicht mehr so anspruchsvoll, wie er zu Beginn vielleicht erschien. Die ganze Vorarbeit der letzten vier Wochen zahlt sich jetzt aus.

Genieße diesen Tag ganz besonders, denn er markiert einen Meilenstein, den du erreicht hast.

Tag 30: Hole dir Feedback und Hilfe

Je nachdem, welche Gewohnheit du dir aneignen möchtest, kann es hilfreich sein, wenn du dir ab und zu eine Rückmeldung von den Menschen holst, die dich bei deinem Vorhaben unterstützen. Heute wäre doch ein guter Tag dafür, oder?

In der ersten Woche hast du dir ja Verbündete und Zeugen gewählt. Suche heute gezielt den Kontakt zu diesen Menschen und frage sie, ob ihnen bereits etwas an dir aufgefallen ist im Vergleich zum Beginn deiner persönlichen Challenge: Was hat sich bei dir aus ihrer Sicht verändert? Was finden sie gut, wo sehen sie noch Potenziale?

So ein Feedback gibt dir unter Umständen die Möglichkeit, deinen Kurs nochmal zu korrigieren. Gleichzeitig fühlst du dich bestätigt, wenn dein Umfeld bereits positive Veränderungen bei dir wahrnehmen kann. Solche wertschätzenden Rückmeldungen tun einfach total gut.

Wenn du dir mehr Unterstützung wünschst, ist das eine gute Gelegenheit, diesen Wunsch zu äußern. Was können deine Verbündeten tun, um dich in deiner Absicht zu stärken?

Hilft es dir, wenn sie öfter nachfragen? Wäre es dir am liebsten, jeden Tag eine kurze Nachricht oder Erinnerung zu bekommen? Bitte um ganz konkrete Hilfestellung, wenn du spürst, dass das wichtig wäre. Sei nicht zu stolz dafür.

Denn soll ich dir ein Geheimnis verraten? Wirklich erfolgreiche Menschen erreichen ihre Ziele selten ganz allein. In der Regel steht hinter ihnen ein Team, das sie unterstützt.

Es ist keine Schande, um Hilfe zu bitten, ganz im Gegenteil. Die meisten Menschen freuen sich sogar, wenn sie um Unterstützung gebeten werden. Menschen helfen gerne, weil ihnen das das

Gefühl gibt, gebraucht zu werden. Wir sind soziale Wesen, und tief in uns drin ist das Wissen verankert, dass wir aufeinander angewiesen sind, um zu überleben.

So gesehen tust du deinen Verbündeten sogar einen Gefallen, wenn du sie um ihre Unterstützung bittest. Wie gefällt dir diese Perspektive?

Tag 31: Mach den Schweinehund zu deinem Freund

Wahrscheinlich bist du ihm schon öfter begegnet: deinem Schweinehund. Das ist der Geselle, der dir immer genau dann, wenn du etwas Wichtiges tun willst, einredet, dass die Couch doch viel gemütlicher ist. Dass es viel mehr Spaß macht, eine Serie zu gucken als an deinem aktuellen Ziel zu arbeiten. Dass es überhaupt viel zu anstrengend ist, dich jetzt aufzuraffen.

Der Schweinehund säuselt, und wir hören ihm nur allzu gern zu und lassen uns verführen - nur um wenig später ein schlechtes Gewissen zu haben, weil wir wieder einmal auf ihn gehört haben, statt konsequent dranzubleiben an unserem Vorhaben.

Dabei wissen wir ja eigentlich ganz genau, was da passiert. Wir erkennen den Schweinehund, wenn er sich meldet. Und trotzdem ist es so schwer, ihm zu widerstehen. Es erfordert scheinbar jedes Mal eine immense Kraftanstrengung, gegen ihn zu kämpfen.

Wäre es nicht viel schlauer, dir deinen Schweinehund zum Freund zu machen statt ihn als Feind zu begreifen?

Mein Vorschlag: Beschäftige dich heute mal intensiv mit ihm. Denn tatsächlich ist er ja ein Teil von dir, und wenn du gegen ihn kämpfst, lehnst du zugleich einen Teil von dir ab. Das ist eigentlich widersinnig, oder?

Lass uns mal für einen Moment von der Annahme ausgehen, dass wir keine festgefügte Persönlichkeit haben, sondern dass bestimmte Anteile in uns leben, die manchmal auch im Widerstreit miteinander sind.

Wie Engelchen und Teufelchen. Wie das Spielkind, das sich kreativ austoben will, und der strenge Kritiker, der an allem etwas auszusetzen hat.

Zentral für dieses Modell ist die Annahme, dass hinter dem aktuell störenden Verhalten eines Anteils immer (!) eine positive Absicht steht, und dass dieses Verhalten in der Vergangenheit einmal Sinn gemacht hat.

Manchmal allerdings ist so ein Anteil scheinbar wie abgespalten von der Gesamtpersönlichkeit. Er hat dann vielleicht gar nicht mitbekommen, dass sich die Person entwickelt und verändert hat. In bestimmten Situationen wird dann immer noch das alte Verhalten abgespult, weil der Anteil keinen Zugriff auf „jüngere" Ressourcen hat.

Es geht also darum, in Kontakt zu kommen mit diesem Anteil, die gute Absicht zu erfragen und dem Anteil die Möglichkeit zu geben, wieder an die Gesamtpersönlichkeit anzudocken. Dann kann er seinen Job weiter machen - aber statt zu blockieren, wird er dann unterstützend tätig.

Begegne deinem Schweinehund also heute mal mit echtem Interesse - als würdest du einen bisher ungeliebten Kollegen fragen, wieso er sich eigentlich immer so blöd verhält.

Gib deinem inneren Schweinehund die Chance, sich zu erklären. Stell dir einfach vor, du gehst in einen Dialog mit ihm. So oder so ähnlich könnte sich das anhören:

- Hey, Schweinehund, wollen wir uns mal unterhalten?
- *Hm, warum nicht?*
- Ganz ehrlich, mich stört das, wenn du immer, wenn ich X vorhabe, dazwischenfunkst. Jedes Mal machst du es mir so schwer. Ich möchte nicht mehr gegen dich kämpfen.
- *Ich finde kämpfen auch blöd.*
- Ich gehe mal davon aus, dass du eine für mich gute Absicht verfolgst, wenn du versuchst, mich daran zu hindern, X zu tun.
- *Ja, das stimmt.*
- Magst du mir deine gute Absicht verraten?

Falls du noch nie mit einem Persönlichkeitsanteil Kontakt aufgenommen hast, kommt es dir vielleicht erst einmal seltsam vor, wenn du auf diese Weise mit dir selbst sprichst.

Das Faszinierende daran ist jedoch, dass dieser Teil in dir durchaus geneigt ist, dir zuzuhören. Und noch besser: dir auch Antworten zu geben. Sei gespannt darauf, welche Antwort du erhältst, wenn du nach der guten Absicht fragst.

Denn dein Schweinehund hat einen Grund für sein Verhalten. Irgendwann hat es mal Sinn gemacht, dass du bestimmten Aufgaben ausgewichen bist. Irgendwann in deiner Kindheit hast du die Erfahrung gemacht, dass es in bestimmten Situationen für dich besser war, dich so zu verhalten. Daher hat dieser Persönlichkeitsanteil in dir dieses Verhalten eingeübt und spult es nun mehr oder weniger automatisch seit vielen Jahren ab.

Wenn du nun ganz bewusst mit diesem Anteil in Kontakt gehst und ihn direkt konfrontierst, auf eine neugierige und nicht bewertende Art, dann kannst du eine neue Erfahrung machen. Denn sehr wahrscheinlich stellt sich heraus, dass dein Schweinehund eben gar nicht gegen dich arbeitet, sondern im Grunde für dich - seine Motivation ist positiv.

Es kann sein, dass dein Schweinehund sich zuerst ein bisschen sträubt. Das hat damit zu tun, dass er gerade merkt „Hoppla, das war ja wohl gar nicht so toll, was ich bisher gemacht habe!" Das verunsichert ihn. Bleib also wohlwollend und geduldig ihm gegenüber.

Stell dir vor, das ist ein kleines, verunsichertes Kind, das sich bisher alleine durchschlagen musste und deine anderen Anteile noch gar nicht kennengelernt hat. Das braucht einen Moment, um sich daran zu gewöhnen.

Deshalb ist es wichtig, deinem Schweinehund zu signalisieren, dass du seine Arbeit schätzt und ihm auch nichts wegnehmen willst. Es geht vielmehr darum, seinen Handlungsspielraum zu erweitern. Diese Argumentation versteht auch dein Schweinehund.

Wenn du also sein Einverständnis hast, bitte ihn, sich erneut die Situationen zu vergegenwärtigen, in denen er bisher sein Verhalten „eingespielt" hat. Du brauchst dazu keine vollständige Liste im Bewusstsein zu haben. Unser Unbewusstes regelt das ganz von selbst.

Jetzt kommen wir zu einem ganz wichtigen Schritt: Gib diesem Teil von dir Zugriff auf deine Erfahrungen und Ressourcen, die er bisher noch nicht kannte. Erlaube ihm, das alles aufzusaugen und zu integrieren. Du kannst dabei wahrscheinlich körperlich spüren, wie dieser Anteil in dir älter wird. Bleib dabei, bis er dein biologisches Alter erreicht hat.

Jetzt kannst du mit deinem Schweinehund ein neues Verhalten aushandeln.

- Du, Schweinehund, ich habe jetzt verstanden, dass du mir eigentlich was Gutes tun willst. Aber tatsächlich wirkt sich dein Verhalten für mich heute nicht mehr besonders positiv aus. Gibt es eine andere Möglichkeit für dich, mich zu unterstützen, statt wie bisher mit Verhalten X?

Diese Frage setzt einen inneren Prozess in Gang, an dessen Ende häufig eine interessante Lösung steht: Dein Schweinehund - der inzwischen vielleicht einen anderen Namen angenommen hat – kommt auf ganz neue Ideen.

Am Ende des Dialogs mit deinem Schweinehund könnt ihr vereinbaren, dass ab einem bestimmten Auslöser nicht mehr das alte,
störende Verhalten einsetzt. Sondern stattdessen ein neues, unterstützendes Verhalten, das aber immer noch die ursprüngliche gute Absicht des Schweinehundes verfolgt.

Wenn du magst, frag deinen Schweinehund zum Schluss, ob er sich noch einen Platz in deinem Herzen oder anderswo in deinem Körper suchen möchte, wo er es sich gemütlich machen kann, jetzt und für immer. Frag ihn, wie es da aussieht und gib ihm die Freiheit, es sich genauso einzurichten, wie es für ihn passt.

Und wenn er es sich dann so richtig bequem gemacht hat und sich rundum wohl fühlt, dann hast du noch eine weitere Aufgabe: Du informierst dein Gehirn, dass sich da jetzt was verändert hat. Alle Teile deines Gehirns sollen mitbekommen, dass hier etwas Neues passiert ist. Soll keiner hinterher behaupten können, er hätte es nicht mitgekriegt!

Anschließend gibst du diese Info dann auch noch an jede einzelne Körperzelle. Und zu guter Letzt schickst du einen Gedanken mit all diesen Informationen auch noch hinaus in die Welt: Seht her, es hat sich was Neues getan bei mir!

Nimm dir zehn bis zwanzig Minuten Zeit für dieses Gespräch mit deinem Schweinehund. Ich verspreche dir, dass es sich lohnen wird.

Tag 32: Spiele das Erfolgsspiel

Willst du dich heute einmal so richtig pushen und gnadenlos gute Laune bekommen? Dann stelle ich dir heute eine meiner absoluten Lieblingsmethoden vor.

Ich habe dieses Spiel bei einem meiner Lebenslehrer kennengelernt, und es ist wirklich unfassbar, wie gut es mir geht, wenn ich das nur 10 Minuten mache.

Bei diesem Spiel gehen wir davon aus, dass wir eigentlich alle Erfolgsmenschen sind. Denn wir vollziehen jeden Tag erfolgreich unzählige Handlungen: Wir stehen auf. Wir putzen uns die Zähne. Wir kochen Kaffee. Wir lesen die Zeitung. Wir fahren Auto oder mit dem Fahrrad.

All diese Handlungen brauchen eine klare Absicht, auch wenn diese uns oft gar nicht mehr bewusst ist. Aber wir setzen uns ohne Absicht nicht in Bewegung.

Mach dir also mal diesen Ablauf ganz bewusst:

- Ich stehe jetzt auf.

Du stehst auf, und dann feierst du dich dafür:

- Yeah, ich bin gerade aufgestanden!

- Ich gehe jetzt in die Küche.

Du gehst in die Küche.

- Yeah, ich bin gerade in die Küche gegangen!

- Ich putze mir jetzt die Nase.

Du putzt dir deine Nase.

- Yeah, ich habe mir gerade die Nase geputzt!

Ich weiß, das klingt völlig bekloppt.

Aber du wirst überhaupt nicht fassen, wie gut es dir geht, wenn du das mal 5 oder 10 Minuten durchhältst.

Du schüttest Glückshormone en masse aus, glaub es mir!

Denn es stimmt tatsächlich: Wir sind alle Erfolgsmodelle. Wir haben bis hierher überlebt und können ganz viel - und das meiste davon tun wir vollautomatisch.

Uns mal wieder ins Bewusstsein zu rufen, wie viel das eigentlich ist, was wir da ganz selbstverständlich jede Minute unseres Tages tun: Das kann deine Wahrnehmung sehr verändern.

Und es kann dir zeigen, dass du in der Lage bist, auch komplizierte Abläufe in dein Leben zu integrieren und sie irgendwann ganz von allein zu befolgen, ohne auch nur noch darüber nachzudenken.

Spiel das Erfolgsspiel und genieße jeden einzelnen Erfolg!

Tag 33: Verschenke Komplimente

Auch wenn du momentan sehr auf dich und deine Ziele fokussiert bist - und das ist gut so! - vergiss nicht, dass du auch Teil eines sozialen Netzes bist.

Tu daher heute doch mal ganz bewusst etwas dafür, die Beziehungen zu Menschen zu stärken. Wenn du Lust auf ein kleines Experiment hast, mache der erstbesten Person, der du heute begegnest, ein ernst gemeintes Kompliment. Schau dir die Person also ganz bewusst an. Du kannst sicher etwas besonders Positives an ihr wahrnehmen - sprich es einfach aus!

Natürlich kannst du auch einfach einem Familienmitglied oder deiner besten Freundin ein Kompliment machen - der Effekt bleibt der gleiche.

Jedes Mal passiert dabei folgendes: Du sorgst dafür, dass der glückliche Empfänger deines Kompliments das Hormon Oxytocin ausschüttet, das im Sprachgebrauch nicht umsonst auch „Kuschelhormon" genannt wird. Es sorgt nämlich dafür, dass wir uns entspannen und unsere Beziehungen gestärkt werden. Tatsächlich reduziert es auch die Auswirkungen des Stresshormons Cortisol.

Aber nicht nur fühlt sich diese Person besser, sondern du gleich mit. Ein Kompliment macht gleich zwei Menschen entspannter und glücklicher! Tatsächlich kannst du sogar noch mehr Menschen damit erreichen: Wer nämlich mitbekommt, dass du jemandem ein Kompliment machst, schüttet selbst auch Oxytocin aus. Das „lohnt" sich also wirklich.

Solltest du heute so gar nicht menschenfreundlich gestimmt sein, kannst du wenigstens ein Tier streicheln. Auch dadurch wird die Ausschüttung von Oxytocin gefördert. Dieses Hormon ist nämlich gleichzeitig ein Neurotransmitter und steuert daher auch die Aktivität bestimmter Nervenzellen. Du wirst zum Beispiel empfänglicher für zwischenmenschliche Signale.

Nach einer Studie der University of Zurich scheint es sogar so zu sein, dass Oxytocin das Vertrauen in andere Menschen insgesamt stärkt - und das wiederum wirkt sich positiv auf das eigene Handeln aus. Indem du also Komplimente verschenkst und in deine Beziehungen „investierst", tust du auch mehr für dein Selbstbewusstsein.

Falls du also gerade heute ein bisschen schwächelst in deiner Absicht, kannst du dir selbst einen neuen Motivationsschub verpassen, indem du auf andere Menschen zugehst und ihnen etwas Gutes tust.

Wenn du besonders mutig bist, überschwemme doch heute einmal dein gesamtes soziales Umfeld mit Komplimenten und hebe dadurch bei allen Menschen, die dir begegnen, deren Oxytocin-
Level. Ich wette, du erlebst ein richtiges High!

Tag 34: Verbessere deine Schlafqualität

Dass guter Schlaf deine Leistungsfähigkeit insgesamt erhöht, ist dir bestimmt bekannt. Deshalb ist es gerade dann, wenn du wesent-liche Veränderungen in deinem Leben vornimmst, wirklich
wichtig, dass du auf ausreichend Schlaf achtest. Denn Veränderungen kosten Energie, und die muss irgendwo herkommen.

Sieben bis acht Stunden Schlaf benötigen die meisten Menschen, um wirklich ausgeruht zu sein. Deshalb ist es leider auf Dauer nicht hilfreich, bis spät in die Nacht am Computer zu sitzen, auf dem E-Book-Reader zu lesen oder fernzusehen, wenn am nächsten Morgen um 6 Uhr der Wecker klingelt.

Das blaue Licht dieser Geräte hemmt deine körpereigene Melatoninproduktion. Das „Schlafhormon" wird also nicht genügend ausgeschüttet, was zu Einschlafschwierigkeiten führt und auch die Qualität des REM-Schlafes reduziert. Das heißt, du hast weniger oder kürzere Tiefschlafphasen, in denen dein Gehirn die Eindrücke des Tages verarbeitet. Und das wiederum führt dazu, dass du dich am nächsten Morgen weniger erholt fühlst.

Wenn du dir vorgenommen hast, mehr Sport und Bewegung in dein Leben zu bringen, kann es zudem sinnvoll sein, deine

Aktivitäten eher in die Morgenstunden zu legen. Denn der Körper schüttet beim Sport Adrenalin und Cortisol aus, beides aktivierende Hormone. Die werden nicht so schnell wieder abgebaut und zirkulieren bei Trainingseinheiten am Abend auch dann noch in deinem Blut, wenn du eigentlich einschlafen willst.

Außerdem unterstützen dich diese beiden körpereigenen Drogen am Morgen viel besser, um die Aufgaben deines Tages voller Energie und Schaffensdrang anzugehen.

Die beste Garantie für erholsamen Schlaf ist allerdings, wenn du dir angewöhnst, immer um dieselbe Zeit ins Bett zu gehen. Vielleicht wäre das ja eine Routine, die du dir als nächstes aneignen möchtest?

Aus eigener Erfahrung kann ich dir jedenfalls verraten, dass ich sehr viel schneller einschlafe, seit ich mir angewöhnt habe, jeden Abend ungefähr zur selben Zeit ins Bett zu gehen. Seitdem fällt es mir auch nicht mehr so schwer, früh aufzustehen.

Tag 35: Feiere dich!

Herzlichen Glückwunsch, du Heldin, du Held! Fünf Wochen lang bist du drangeblieben und hast die wichtigsten Hürden genommen.

Jeden Tag warst du auf deiner metaphorischen Übungsmatte und hast dich damit beschäftigt, deine neue Gewohnheit nachhaltig in deinem Alltag zu verankern.

Wie geht es dir heute? Ich hoffe, du bist ordentlich stolz auf dich! Mach dir bewusst, dass nur wenige Menschen es schaffen, ihr Verhalten wirklich dauerhaft zu verändern. Die meisten schrecken davor zurück, weil sie von vornherein Angst davor haben zu scheitern. Oder sie durchlaufen den üblichen Zirkel der guten

Vorsätze: Sie starten hochmotiviert, aber weil sie nicht verstehen, wie unser Gehirn funktioniert, fallen sie nach kurzer Zeit in die alten Muster zurück.

Du hast jetzt ein Rezept an der Hand, das dir helfen wird, nach und nach genau die Gewohnheiten in dein Leben zu integrieren, die für dich wertvoll sind. Nutze einfach die einzelnen Schritte, die ich hier für dich beschrieben habe, und du wirst merken, wie sich dein Leben ganz allmählich in eine neue Richtung entwickelt.

Heute ist dein persönlicher Feier-Tag!

Feiere dich und deinen Mut!

Feiere deine Entschlossenheit!

Feiere deinen Erfolg!

Erzähle der Welt, was du geschafft hast, und lass dich feiern. Es tut so gut, auch von außen Wertschätzung zu erhalten und zu erleben, wie andere sich mitfreuen.

Gönne dir ganz bewusst die Belohnung, die du dir selbst versprochen hast, und genieße sie in vollen Zügen. Du hast sie dir verdient.

Und morgen geht es dann zurück auf die Übungsmatte. Denn du bist jetzt auf dem besten Weg, eine neue Autobahn in deinem Gehirn anzulegen. Du hast die schwierigsten Schritte gemeistert. Ab jetzt wird es leichter, das verspreche ich dir.

Achte nur darauf, weiterhin täglich dranzubleiben. Mit der Zeit wirst du feststellen, dass dir tatsächlich etwas fehlt, wenn du doch mal abgelenkt bist und die neue Gewohnheit auslässt. Das ist ein richtig gutes Zeichen, denn dann hat dein Gehirn registriert, dass du ein abweichendes Verhalten zeigst, also aus der gewohnten Spur hüpfst.

Bist du an dieser Stelle angekommen, ist es auch kein Drama mehr, wenn du doch mal einen Tag auslässt, solange du am nächsten Tag ganz natürlich wieder weitermachst. Erst wenn du gar nicht mehr darüber nachdenkst, ob oder ob nicht, sondern es einfach tust, hast du den Autopiloten erfolgreich aktiviert.

Wie lange dauert es wirklich, eine Gewohnheit zu etablieren?

Die gute Nachricht: Mit dem 35-Tage-Plan bist du bereits auf dem besten Weg, denn

- du hast dich sehr gut vorbereitet und eingestimmt
- du bist dir über deine Motivation im Klaren
- du kennst jetzt jede Menge Tricks und Übungen, um im Kontakt mit deinem Ziel zu bleiben
- und am wichtigsten: Du hast bereits vier Wochen am Stück geübt.

Du hast also die größten Hürden bereits erfolgreich überwunden, und in deinem Gehirn ist bereits eine neue Landstraße entstanden.

Damit daraus die vierspurige Autobahn wird, kann es allerdings noch ein wenig dauern. Wie lange genau, hängt unter anderem von den folgenden Faktoren ab:

1. Wie komplex ist die neue Gewohnheit? Denn sich anzugewöhnen, den Wohnungsschlüssel immer ans Schlüsselbrett zu hängen, ist deutlich einfacher, als die tägliche Yogapraxis beizubehalten. Komplexe Gewohnheiten benötigen circa anderthalbmal so lang, bis sie automatisch ablaufen.
2. Wieviel Übung hast du beim Antrainieren neuer Gewohnheiten? Je öfter du bewusst neue Routinen einübst, umso leichter fällt es dir.

3. Alte Gewohnheiten durch neue zu ersetzen, ist etwas schwieriger, als sich eine ganz neue Gewohnheit anzueignen. Denn das Gehirn muss zwei Leistungen vollbringen, und Änderungen erfordern mehr Energie.
4. Persönliche Stärken und Vorlieben haben natürlich auch Einfluss darauf, wie schnell eine neue Gewohnheit bei dir Einzug hält. Auch Gewohnheiten sind individuell, und was dem einen leicht fällt, ist für den anderen gefühlt ein Mount Everest.
5. Versteckte Überzeugungen, die du gar nicht bewusst wahrnimmst, können großen Einfluss darauf haben, wie schnell es dir gelingt, eine Gewohnheit zu ändern. Denn solche Glaubenssätze sind ja letztlich Denk-Gewohnheiten: Wir denken, dass das Leben genauso und nicht anders funktioniert. Das läuft ebenfalls ganz automatisch ab. Wenn eine solche Überzeugung in dir sozusagen gegen die neue Gewohnheit arbeitet, wird es definitiv länger dauern, bis du sie dir angeeignet hast.

Eine Studie, die 2009 von Philippa Lally und ihrem Team durchgeführt wurde, konnte zeigen, dass es zwischen 18 und 254 Tagen dauerte, bis eine neue Gewohnheit endgültig etabliert war und
automatisch ablief.

An diesen Zahlen kannst du schon sehen, dass es keine allgemeingültige Aussage dazu gibt, wie lange es wirklich dauert, bis der Autopilot am Steuer sitzt.

Du hast jetzt bereits die besten Voraussetzungen geschaffen, wirklich dranzubleiben. In vielen Fällen wird es aber noch ein kleines Weilchen dauern, bis dir die neue Gewohnheit wirklich in Fleisch und Blut übergegangen ist.

Das ist für mich übrigens tatsächlich mehr als eine Metapher: Denn ich bin davon überzeugt, dass die neuen Informationen aus dem Gehirn sozusagen in jede einzelne Zelle „diffundieren“ müssen. Und das dauert eben auch seine Zeit.

Manche Körperzellen erneuern sich innerhalb von 30 Tagen, andere benötigen dafür deutlich länger. Auch dieses Phänomen spielt vielleicht eine Rolle dabei, wie lange es braucht, bis sich die neue Information im gesamten Körpersystem „herumgesprochen“ hat.

Die vielen Impulse des 35-Tage-Plans werden dir in jedem Fall helfen, erfolgreich dranzubleiben. Deshalb empfehle ich dir, weiter täglich einen der Tipps zu lesen. Denn erfahrungsgemäß kannst du die ganzen wertvollen Informationen, die darin stecken, gar nicht alle beim ersten Mal verarbeiten und nutzen. Wahrscheinlich wirst du beim erneuten Lesen öfters denken: Habe ich das beim letzten Mal übersehen?

Begegne deiner persönlichen Herausforderung weiterhin mit einer neugierigen und experimentierfreudigen Haltung, die sich in folgendem Satz ausdrückt: Warum fällt es mir jeden Tag ein bisschen leichter, meine neue Gewohnheit durchzuführen?

Ein Wort zum Schluss: Trotz aller Tipps und Tricks in diesem Buch wird es vielleicht doch passieren, dass du mal den Faden verlierst. Auch davon kann ich ein Liedchen singen. Mach dir in diesem Fall klar, dass das kein Weltuntergang ist. Das Leben hat manchmal einfach andere Pläne.

Entscheidend ist, dass du geduldig mit dir bist und einen neuen Anlauf nimmst, statt entnervt die Flinte ins Korn zu werfen. Den Autopiloten umzuprogrammieren, ist eine Aufgabe, die durchaus ein Weilchen dauern kann - ich denke, das ist deutlich geworden. Wenn du also doch einmal aus der neuen Routine „herauspurzelst“, ist das schade, aber nicht weiter schlimm. Hauptsache, du knüpfst irgendwann wieder daran an.

Steige einfach mit den Methoden in diesem Buch wieder ein und folge stur den Schritten im 35-Tage-Plan. Ich verspreche dir, dass auch du es schaffen kannst.

So wirst du erleben, wie du deinem Ziel jeden Tag ein Stückchen näherkommst. Viel Erfolg dabei!

Danke!

Dass ich mal in einem Jahr gleich zwei Bücher schreiben würde, hätte ich nie gedacht. Möglich wurde das, weil ich meine Gewohnheiten verändert und eine Schreibroutine am Morgen eingeführt habe.

Das war einer der Gründe, warum ich dieses Buch unbedingt schreiben wollte. Denn ich wollte die Erfahrungen und Erkenntnisse, die ich über die Jahre gewonnen habe, jetzt endlich mal in Buchform teilen.

Mein Dank geht also an all die Trainer*innen, Coaches, Autor*inn*en und Wissenschaftler*innen, die sich mit dem Thema Gewohnheiten befasst und mir die Funktionsweise unseres Gehirns vermittelt haben. Durch ihre Arbeit habe ich verstanden, dass es wirklich nur an mir liegt, wie ich mein Leben gestalte – und dass es wesentlich einfacher ist als gedacht, den Kurs zu wechseln, wenn das nötig ist.

Außerdem danke ich erneut meiner Facebook-Community, die mit ihren Antworten auf meine Fragen diesem Buch ein paar wertvolle Impulse gegeben hat. Auch der Titel ist wieder mit eurer Hilfe entstanden, vielen Dank!

Meinen Testleser*innen danke ich für ihre wertvollen Rückmeldungen, die dieses Buch noch ein bisschen besser gemacht haben.

Und Jule, deine Cover sind die besten!

Nicht zuletzt danke ich natürlich dir, meiner Leserin und meinem Leser: Für dich schreibe ich, und dass du das Buch gekauft und gelesen hast, bedeutet mir viel.

Inhalten. Zum Zeitpunkt der Verwendung waren keinerlei illegale Inhalte auf den Webseiten vorhanden.

Printed in Poland
by Amazon Fulfillment
Poland Sp. z o.o., Wrocław

68702843R00083

Ich hoffe, du konntest mit seiner Hilfe deinem Leben einen kleinen Schubs in die richtige Richtung geben.

Wenn es dir gefallen hat, freue ich mich übrigens sehr über eine Rezension. Damit hilfst du anderen, sich für dieses Buch zu entscheiden. Danke dir!

Lübeck, 24.11.2020

Heide Liebmann

PS: Im Juli 2020 ist mein Buch „Loslassen: Wie du echte emotionale Freiheit gewinnst" erschienen, das auf große Begeisterung stieß und inzwischen zahlreiche 5-Sterne-Rezensionen erhalten hat.

Hier findest du weitere Informationen zu diesem Buch:

https://www.heide-liebmann.de/loslassen-wie-du-echte-emotionale-freiheit-gewinnst/

Über Heide Liebmann

Heide Liebmann ist Potenzialdetektivin, Coach und Autorin und hat inzwischen rund 17 Jahre Erfahrung damit, Potenziale aufzuspüren und Menschen in ihre wahre Größe zu bringen.

Alles, was dich daran hindert, dein volles Potenzial zu leben - innere Blockaden, einengende Glaubenssätze oder die falschen Gewohnheiten - spürt sie auf und hilft dabei, diese loszulassen und dein Leben positiv zu verändern.

Ihr Credo: Es ist immer so viel mehr möglich, als du jetzt gerade denkst!

Sie unterstützt seit vielen Jahren Solo-Selbstständige, kreative Freiberufler sowie Fach- und Führungskräfte, sich persönlich und unternehmerisch weiterzuentwickeln bzw. ihre Karriere zu gestalten.

Ihr Schwerpunkt dabei: Klarheit für die erfolgreiche Positionierung, wobei sie immer von der unternehmerischen Persönlichkeit und deren Mindset ausgeht.

Als Potenzialdetektivin arbeitet sie wie eine „echte" Detektivin ergebnisoffen, folgt Spuren, sammelt Indizien, bildet Hypothesen und überprüft diese, um die Potenziale ihrer Kund*inn*en aufzudecken.

Mit ihren Büchern macht sie Mut, das eigene Potenzial zu erforschen und seine Träume zu leben. Sie folgt selbst schon lange der Devise „Wo die Angst ist, da geht's lang", denn Ängste können wertvolle Wegweiser für die persönliche Entwicklung sein.

Angebot an alle Leser*innen

Im Januar 2021 startet mein neues Gruppencoaching mit dem 35-Tage-Plan! Willst du mitmachen und dir zusammen mit Gleichgesinnten in 35 Tagen deine neue Erfolgsgewohnheit aneignen?

Als Leser*in dieses Buches erhältst du einen exklusiven Gutschein über € 50 für die Teilnahme mit dem Code „Autopilot21".

Trage dich am besten für meinen Newsletter ein, den **Potenzial-Push**, damit du den Starttermin nicht verpasst.

https://kurzelinks.de/52uj

Impressum

Einfach dranbleiben: Erfolgsgewohnheiten für Kreative ©Heide Liebmann, Lübeck, 2020

Coverdesign & Composing: Julia Graff, Leonberg, www.juliagraff.de

unter Verwendung folgender Bilder:

Titelbild © AdobeStock / stockpics

Fragen und Anregungen: coaching@heide-liebmann.de

https://www.heide-liebmann.de

Wenn dir dieses Buch gefallen hat, freue ich mich über eine Rezension oder eine Weiterempfehlung in deinem sozialen Netzwerk. E-Books wie dieses sind auf positive Bewertungen angewiesen, weil wir ohne die Marketingmacht eines Verlages unterwegs sind.

Eine große Bitte: Solltest du Fehler entdecken, freue ich mich über einen Hinweis an coaching@heide-liebmann.de. Dann kann ich sie nämlich sehr schnell und unkompliziert beheben. Wenn du sie dagegen in der Rezension erwähnst, bleibt das dort stehen, auch wenn ich den Fehler vielleicht schon längst korrigiert habe. Vielen Dank!

Heide Liebmann

An der Falkenwiese 18

23564 Lübeck

Tel: 0451 70757498

coaching@heide-liebmann.de

Haftungsausschluss

Die Benutzung dieses Buches und die Umsetzung der darin enthaltenen Informationen erfolgt ausdrücklich auf eigenes Risiko. Die Autorin kann aus keinem Rechtsgrund eine Haftung übernehmen. Haftungsansprüche gegen die Autorin für Schäden materieller oder ideeller Art, die durch die Nutzung oder Nichtnutzung der Informationen bzw. durch die Nutzung fehlerhafter und/oder unvollständiger Informationen verursacht wurden, sind grundsätzlich ausgeschlossen. Rechts- und Schadenersatzansprüche sind daher ausgeschlossen.

Das Werk inklusive aller Inhalte wurde unter größter Sorgfalt erarbeitet. Die Autorin übernimmt jedoch keine Gewähr für die Aktualität, Korrektheit, Vollständigkeit und Qualität der bereitgestellten Informationen. Druckfehler und Falschinformationen können nicht vollständig ausgeschlossen werden. Die Autorin übernimmt keine Haftung für die Aktualität, Richtigkeit und Vollständigkeit der Inhalte des Buches, ebenso nicht für Druckfehler. Es kann keine juristische Verantwortung sowie Haftung in irgendeiner Form für fehlerhafte Angaben und daraus entstandene Folgen von der Autorin übernommen werden.

Für die Inhalte von den in diesem Buch abgedruckten Internetseiten sind ausschließlich die Betreiber der jeweiligen Internetseiten verantwortlich. Die Autorin hat keinen Einfluss auf Gestaltung und Inhalte fremder Internetseiten. Die Autorin distanziert sich daher von allen fremden